*Für Rita, Hanni und Beate,
für Carlo und Sandra,
für Margret und Adi,
für Hilde und Hans.
Wo wären mein Garten und
ich, wenn sie nicht mit mir
gesät, gegossen, gejätet und
geerntet hätten?*

Inhalt

Der Frühling 9
  Besinnliches im Frühjahr 10
  Ostern 12
  Meine Frühlingsgeschichte 14
  Frühlings-Nachrichten
  aus meinem Garten 16
  Allgemeine Frühlingsarbeiten 18
  Erde und Mauern 22
  Mischkulturen 24
  Arbeiten im Gemüsegarten 26
  Arbeiten im Kräutergarten 30
  Arbeiten im Obstgarten 34
  Arbeiten im Blumengarten 36
  Blumen im und am Haus 38
  Mein Frühlingsthema:
  Das Bärlauchgeschichtlein 40
  Frühlingsrezepte 42

Der Sommer 46
  Besinnliches zur Sommerzeit 48
  Sommer-Sonnenwende 50
  Grüne Walnüsse und Holunderblüten 52
  Meine Sommergeschichte 54
  Leben und Wohnen im Garten . . . 56
  Das Schwimmbad im Garten 58
  Kinder im Garten 60
  Sommer-Nachrichten
  aus meinem Garten 62
  Allgemeine Sommerarbeiten 64
  Arbeiten im Nutzgarten 66
  Sommerarbeiten
  im Blumengarten 68
  Kompost 70
  Jauchen-Dünger und -Medizin –
  und eine ganze Wissenschaft 72
  Bäume – meine besonderen Freunde 76
  Meine liebsten Sträucher 80
  Sommerrezepte mit Obst und Beeren 84

Der Herbst 86
   Besinnliches im Herbst 88
   Dankeschön, lieber Garten! 90
   Meine Herbstgeschichte –
   eine Eselsgeschichte 92
   Herbst-Nachrichten
   aus meinem Garten. 94
   Herbstarbeiten im Nutzgarten 96
   Arbeiten im Blumengarten 100
   Kürbis – ein Univeralgenie 102
   Den Quitten-Segen meistern 104
   Ernten und richtig lagern 106
   Herbstarbeiten ums Haus
   und im Stall 112
   Das Kapitel von den Kastanien . . . 114
   Kastanienrezepte 116
   Herbstrezepte mit Obst 118

Der Winter 120
   Besinnliches im Winter 122
   Advent – Weihnachten – Stille . . . 124
   Meine Wintergeschichte:
   Der Esel und die Frau
   des St. Nikolaus 126
   Winter-Nachrichten
   aus meinem Garten 128
   Gartenarbeiten oder besser
   Gartenfreuden 130
   Die Apotheke im Garten 134

   Wolle färben mit Pflanzen 136
   Winterrezepte mit
   Gemüse & Früchten 139
   Mein Winterthema:
   Meine Wintergäste 140
   Winterlektüren 144
   Meine Weihnachtsgeschichte 146

Register 149

Vorwort

„Wenn du eine Stunde lang glücklich sein willst, dann betrinke dich. Wenn du drei Tage lang glücklich sein willst, dann schlachte ein Schwein und iss es auf. Wenn du ein Jahr lang glücklich sein willst, dann heirate. Willst du aber ein Leben lang glücklich sein, dann bebaue einen Garten."
Chinesisches Sprichwort

Dieses Sprichwort hängt in meiner Garderobe. Dort, wo die Gartenstiefel stehen, die Gartenschürze hängt, der Korb, in dem ich meine Werkzeuge und Sämereien bereithalte, die Geräte an der Wand lehnen. „Den Garten bebauen" ist für mich immer gleichzeitig auch eine Art Andacht, die mich mit einer warmen, wohligen Freude erfüllt. Und mit einer tiefen Befriedigung, die mir dann die Kraft gibt, das zu ertragen, was mein Tag an Unerfreulichem mit sich bringt. Man kann mich meinetwegen auslachen: Ich bringe meinem Garten Zuneigung entgegen. So wie ich die Sonne, die Berge mag und Bäume und Tiere und manchmal auch Menschen, so mag ich meinen Garten. Der Garten ist mein Freund, mein Tröster, die Arbeit im Garten spornt mich an. Dass er mir Gemüse und Früchte liefert, Blumen aus ihm mir entgegenlachen, ist die Art, wie der Garten meine Gefühle für ihn erwidert. „Mein Leben lang den Garten bebauen", wie es im Sprichwort heißt, konnte ich leider nicht. Aber die Art, wie mein Garten entstand, hat meine Liebe zu ihm wohl noch tiefer werden lassen. Darf ich Ihnen davon erzählen? Vor dreißig Jahren bin ich von der Stadt ins Tessin gezogen. In ein wunderschönes, wildes, wildes Tal mit dem klarsten grünen Fluss. Ein Tal, das mir auch heute noch vorkommt, als müsse es auf einem andern Stern liegen. Ich hatte schon einige Jahre vorher ein windschiefes, aus rohen Bruchsteinen gemauertes Häuslein kaufen können. Es war von Bruchsteinmauern umgeben und hatte einen kleinen Hof, in dem ein riesiger Nussbaum stand. Das war alles. Nein, da ist noch zu erwähnen, dass man zu diesem Anwesen zu Fuß gehen musste und dass da eine Seilbahn war, die vom Parkplatz über den Fluss hoch unter ein Wellblechdach vor dem Häuslein führte. Es lag in einem lichten Wald von Hasel- und Weidenbüschen, Eschen, Robinien und Birken und auf der Südseite waren Wiesen, auf denen sich Schafe und Ziegen gütlich taten. Auf diesen Weiden standen nur ein paar vereinzelte Bäume. In nächster Nähe zu meinem Haus, nur durch einen steinigen Wasserlauf getrennt, thronte neben einem Felsen eine riesige Lärche. Ein Baum, den ich sofort und endgültig ins Herz schloss. Die Schafe und Ziegen gehörten meinen Nachbarn Odivio und Olimpio. Mit beiden war ich (und bin ich noch immer) gut befreundet. Das Land, auf dem die Lärche stand, gehörte Odivio. Eines Tages – als ich Odivio zu einem Kaffee eingeladen hatte – erklärte er mir so nebenbei, nächsten Winter würde er dann die Lärche fällen. „Das darfst du mir nicht antun!", sagte ich. „Dieser Baum ist mein bester Freund." „Ich weiß ja, dass du spinnst", erwiderte er lachend. „Aber fällen werde ich ihn trotzdem." „Bitte nein", flehte ich. „wie kann ich das denn verhindern?" Er überlegte einige Zeit, dann schaute er mich an: „Indem du ihn und die ihn umgebende Wiese kaufst." Und aus dieser Wiese wurde dann mein Garten. Die Lärche ist also schuld, dass ich die Freuden und Leiden einer Gärtnerin kennen lernte und immer noch auskoste. Wollen Sie, liebe Leserin, lieber Leser, diese Freuden mit mir teilen? Dieses Buch soll nun eine Art „Gespräch über den Gartenzaun" sein. Ich berichte von meinen Erfahrungen, von Beobachtungen, die vielleicht Denkanstöße sein können. Nein, ich bin keine gelernte Gärtnerin, nur ein Mensch, der die Natur liebt, aus Beobachtungen Schlüsse zieht – und diese oft auch außerhalb des Gartens fürs tägliche Leben anwenden kann.

FRÜHLING

Frühling: Beginnt das Gartenjahr denn eigentlich im Frühling? Offenbar schon, denn wenn ich in meinem Bücherregal irgendein Gartenbuch hervorziehe (und es gibt eine ganze Menge davon), dann stelle ich fest, dass das Anfangskapitel immer dem Frühling gilt. Im Frühling erwacht wohl bei den meisten Gärtnerinnen und Gärtnern der Tatendrang, die Lust, in und mit der Erde zu arbeiten. Auch meine Gartenarbeiten während der kalten Jahreszeit beschränken sich auf die Innenräume des Hauses, zum Beispiel auf Arbeiten mit Topfpflanzen. Mein sehnlichster Wunsch, ein geheiztes Treibhaus zu besitzen, wird immer nur ein Wunsch bleiben – und so beginne auch ich dieses Buch mit – wie sich das gehört – dem Frühling! Der Zitronenfalter, der jetzt gerade vor meinem Fenster vorbeigaukelt, versetzt mich in genau die Stimmung, die ich brauche!

Besinnliches im Frühjahr

Besondere Freude: Ein lilafarbener Krokus

Wer reiten kann, weiß es: Wenn man sein Pferd in die Richtung lenkt, wo es eine Galoppstrecke weiß, dann zeigt es seine freudige Erwartung. Es tänzelt, geht plötzlich rascher, kann kaum warten, dort anzugelangen, loszurennen. Genauso komme ich mir im Frühling vor. Meine Knochen würden zwar kaum mehr einen Trab erlauben, aber das freudige Vorwärtsdrängen, vorwärts in den Garten, das ist immer noch da.

Eigentlich liegen noch vereinzelte Schneeflecken an den schattigen Stellen, eigentlich ist es noch zu früh. Aber nachsehen darf ich doch. Da und dort entdecke ich etwas, was ich im Herbst versäumt habe. Zum Beispiel hätte ich den Estragon und den Salbei doch noch abschneiden sollen. Aber damals reute es mich. Kräuter frisch aus dem Garten – auch wenn es ein Novembergarten ist – sind immer etwas Feineres als die getrockneten. Und – ja, das war nun wirklich Nachlässigkeit – den Rosmarin hätte ich zudecken sollen. Jetzt ist er wieder erfroren. Ich schäme mich. So, das wäre jetzt gebeichtet. Aber meine Vorfreude auf das Frühjahr, auf den Garten, wäre vielleicht viel zu himmelhoch-jauchzend gewesen, hätte ich diese Unterlassungen nicht entdeckt.

FRÜHLINGS-VORFREUDEN, DIE NICHT VOM WETTER ABHÄNGIG SIND

Vielleicht wird es ja nochmals schneien, noch ein paar Mal schneien. Da habe ich mir einen Trost bereitgelegt: Kataloge von Pflanzen-Versandhäusern. Darin stöbere ich herum, schwärme von dieser und jener mir noch nicht bekannten Pflanze. Ob ich es mal versuchen soll, wie es einer Steppenlilie bei uns gefällt? Und dann kommt da meine innere Stimme zum Zuge: „Erinnerst

Frühlingsgruß Huflattich

du dich noch an die arme Kamelie? Und an die Azaleen? Und an den Lavendel? Und an den Heliotrop, an dem du dich so freutest – und dann duftete er überhaupt nicht, offenbar weil es bei uns einfach zu kühl ist oder die Sonnenscheindauer zu kurz." Ich habe es längst gelernt: Wer in einem Tal wohnt wie dem, in dem ich zu Gast sein darf, muss seine Gärtnergelüste dem Klima anpassen. Pflanzenkinder, die für mehr Wärme, für mehr Sonne geschaffen sind, hierher zu bringen, ist eine Art Quälerei. Für die Pflanze und für mich. Was nützt es, die Kamelie im

Besinnliches im Frühjahr

Herbst buchstäblich in Wolle einzupacken, wenn dann die Knospen im Frühjahr ungeöffnet abfallen, weil sie auch im Winter Licht brauchen? Was bringt es, Azaleen oder Lavendel zu pflanzen, zu hätscheln, wenn der Schnee ihnen dann die Äste abknickt, auch wenn ich sie noch so sorgfältig zudecke? Natürlich kann ich es nicht ganz lassen, Versuche anzustellen. Und manchmal gelingen sie sogar. Da ist zum Beispiel die Rebe, die an der Fassade meines Ladens an der Hauptstrasse ihren Platz hat. Alle behaupteten, bei uns würden Trauben nicht reif. Die Sonnenscheindauer eben, die – bedingt durch die hohen Berge – relativ kurz ist. Aber offenbar habe ich genau die richtige Rebensorte und den genau richtigen Standort erwischt. Jedes Jahr pflücken wir so zwischen fünf und zehn Kilogramm Americano-Trauben. Die einzige Pflege, die der Stock bekommt, ist der Schnitt im Winter und fleißiges Gießen an heißen Tagen. Und damit bin ich bei einem Vorfrühlings-Thema, das weiter hinten noch vertieft wird: Der Winterschnitt von Sträuchern und Obstbäumen. Etliche Jahre hat man mich sehen können, wie ich – das Buch mit den Zeichnungen, wie man Bäume schneiden soll, vor mir liegend – versuchte, meine Pflanzen fachgerecht zu schneiden. Ob es wirklich fachgerecht war, weiß ich nicht. Vielleicht werde ich irgendwann in fernen Zeiten – wenn ich nichts mehr anderes zu tun weiß – einen Kurs zum Schneiden der Obstbäume machen. Inzwischen habe ich nämlich herausgefunden, dass verschiedene meiner Freunde und die Ehemänner verschiedener Freundinnen, geradezu darauf erpicht sind, die Rebe und die Bäume zu schneiden. Ob sie es besser machen als ich? Die Ernten sind auf alle Fälle – unser doch extremes Klima berücksichtigt – äußerst erfreulich.

> *Die Gratis-Frühlingsfreude für jedes Gärtnerherz: Das sind die wilden Blumen. Ich habe sie nicht gesät, nicht gepflegt – und sie wachsen doch und freuen mein frühlingshungriges Herz. Hier in meinem Garten habe ich Zwiebeln von Wildtulpen gesetzt, die ganz, ganz früh schon blühen und sich von selbst vermehren, sozusagen auswildern. Den Winterlingen gefällt es nicht besonders. Es werden jedes Jahr weniger. Dafür ist die Scilla umso fleißiger.*

FÜHRE MICH NICHT IN VERSUCHUNG

Aber jetzt bin ich von den Baumschul-Katalogen abgeschweift. Sie haben nämlich einen großen Vorteil gegenüber dem direkten Besuch in einer Baumschule oder bei einem Handelsgärtner: Bei Katalog-Bestellungen muss ich ein Formular ausfüllen, die Preise einsetzen, addieren. Und dann wird es mir jedes Mal schlecht! Und ich mache das ganze mit sehr reduzierten Wünschen nochmals. Bin ich dagegen in der Baumschule, der Gärtner addiert zusammen, was ich da alles vor mir liegen habe, dann wage ich es nicht, ihn zu bitten, dieses und jenes wieder zurückzubringen, weil mein Budget mehrfach überschritten ist.

In diesem Fall hilft einzig, einfach nur einen gewissen Betrag im Geldbeutel bei sich haben (und um Gotteswillen keine Scheckkarte). Und basta!

Unser „oberer" Garten

Ostern

Jedes Jahr wiederkehrende kirchliche Feiertage bringen es bei mir mit sich, dass Jugenderinnerungen wach werden. Ich denke, das geht vielen so. Ebenso, wie diese Erinnerungen mit jedem Jahr, das ich älter werde, noch plastischer werden. Ich bin in Arosa aufgewachsen. Mein Elternhaus liegt auf gut 1.900 m ü. M. Ich mag mich nicht erinnern, auch nur ein einziges Mal „grüne" Ostern erlebt zu haben. Einen guten halben Meter Schnee hatte es meist mindestens noch. Der Osterhase war in meiner Phantasie ein weißer Schneehase mit einem dunklen Schwanzspitzchen. Mama fand eine Lösung, dass er auch bei mir die Eier in ein grünes Nest legen konnte: Sie füllte eine große Teigschüssel zu zwei Dritteln mit Erde, machte in der Mitte eine Vertiefung, so dass die Erde auf den Seiten bis an den Schüsselrand reichte, und dann säte sie darin zehn Tage vor Ostern Kresse. Der Hase fand dieses Nest immer und ich staunte über seine Klugheit. Wie hatte er es wohl geschafft, durch die Türen zum Nest zu finden und seine hübschen, bunten Eier da hineinzulegen? Einmal – da bin ich auch heute noch überzeugt – sah ich ihn gerade noch um die Hausecke verschwinden...

Hier im Tessin ist es eigentlich meist so, dass wir Ostern ohne Schnee feiern. Und der Brauch, an Ostern Eier zu essen, hat wohl einen ganz realen Grund, zu dem mir alle Hühnerbesitzer beipflichten werden: Um die Osterzeit herum legen die Hühner wieder viel fleißiger Eier. Und dann sind die Frühlingsblumen prädestiniert dazu, die Eier für den Ostertisch zu schmücken. Wir fixieren sie mit Hilfe eines alten Nylonstrumpfes mit Faden an den Eiern und geben dem Wasser, in dem wir die Eier hart kochen, zum Beispiel Zwiebelschalen bei, Cochenille, Blauholz oder Henna, lauter natürliche und ungiftige Farben, die wir eigentlich zum Färben unserer Wolle brauchen. Die Stelle, wo die Blume auf der Eierschale auflag, bleibt weiß – und unsere Ostereier sehen so ganz besonders hübsch aus.

Besonders wenn wir sie mit einer Speckschwarte noch zum Glänzen bringen. Der Geruch des Speckes war es wohl auch, der einst unsere Hündin Mädi dazu verlockte, die ganzen zehn für den Ostertisch vorgesehenen Eier mitsamt der Eierschachtel in der Küche zu stehlen und alle auf einen Schlag zu vertilgen.

Wir haben uns dann halt mit weißen Ostereiern begnügt – und Mädi bekam an jenem Tag gar nichts mehr zu fressen...

Mädis Tochter Wuschi hat die Vorliebe für Ostereier – schön geschmückte natürlich – von ihrer Mutter geerbt. Wuschi begnügt

Wie es kam, dass Hunde gerne Ostereier fressen, steht in der Geschichte links und oben Aber den Spaß, Ostereier mit Hilfe von natürlichen Farben, Frühlingsblumen und einem alten Strumpf zu färben, sollte man sich nicht entgehen lassen!

Ostern

Frühlingsblumen und -Blätter ergeben besonders schön gefärbte Eier.

sich aber mit zweien. Das wäre also meine Hunde-Ostergeschichte.

REZEPT ZUM OSTEREIERFÄRBEN

Man nehme möglichst frische weiße Hühnereier, schön ausgebildete Frühlingsblüten von verschiedenen Blumen, Kleeblätter oder Gräser. Für 10 Eier braucht man: Einen alten Nylonstrumpf, in Plätzchen von ca. 10 x 10 cm geschnitten, Bindfaden, zum Beispiel Fadenschlag, Wasser. Eine Handvoll Zwiebelschalen, Haut von Roter Bete, Brennnesselblätter. Die Eier mit Blüten und Gräsern auf die Strumpfplätzchen legen, festbinden, mit dem gewünschten Farbstoff in einem Kochtopf knapp mit kaltem Wasser bedecken. Acht Minuten kochen. Im Farbbad abkühlen lassen. Mit Speckschwarte abreiben.

Eier mit Naturfarben färben. Wir verwenden: Zwiebelschalen (gelb), Blauholz (blau), Henna (gelb-braun), Cochenille (purpur).
Alle diese Farben kann man auch zum Färben von Wolle verwenden. Manch eine Eier-Färberin hat schon Lust dazu bekommen, es auch mit Wolle zu versuchen. Und – Warnung – Wolle färben kann förmlich zu einer Sucht werden.
(P.S.: Lernen kann man das sehr gut bei mir!)

Meine Frühlingsgeschichte

Frühling. Das Wort ist für mich in erster Linie ein Synonym für „Tessin". Wie bei meinen Ostergedanken: Auch hier werde ich in meine Jugend zurückversetzt – und dann ist ein umwerfend großes Frühlingserlebnis wieder da. So stark, dass ich nicht nur die laue Luft von damals wieder verspüre, sondern auch den Duft, den ich damals zum ersten Mal erlebte: Der Duft nach Glyzinien. Das kam so: Nach den Osterfeiertagen, nachdem unsere letzten Hotelgäste aus Arosa abgereist waren, wurde unser ganzes Haus vom Dachgiebel bis zum Keller gründlich geputzt. Dienstboten- und Gästezimmer, Aufenthaltsräume, Korridore, die Küche, die Speisekammer, das Restaurant. Und war diese Putzerei vorbei, verließen uns die meisten Angestellten bis zur Sommersaison. Der Knecht blieb da, der meinem Vater in der Landwirtschaft half, und eine Serviertochter fürs Restaurant. Meine Großmutter würde dann die Küche übernehmen. Und Mama und ich, wir durften verreisen. Eben: Ins Tessin. An meine erste Tessin-Reise erinnere ich mich noch genau. Ich war damals drei oder vier Jahre alt. Zuerst fuhren wir natürlich von Arosa nach Chur. In Arosa lag noch Schnee. Der Zug schlängelte sich über hohe Brücken, durch Tunnels, immer dem Fluss – der Plessur – entlang. Und je weiter nach unten wir kamen, desto mehr wurde es Frühling. Grüne Wiesen, gelb blühende Sträucher, weiße Blütenbäume – ach, war das schön! In Chur stiegen wir um Richtung Zürich, fuhren an einem Schloss vorbei, das aussah wie das Schloss vom Dornröschen. Und dann war da ein See, ein ganz dunkler, langgezogener See, an dessen gegenüberliegendem Ufer sieben gezackte Berge lagen. Wohnten wohl hinter diesen sieben Bergen die sieben Zwerge?? Und dann mussten wir wieder umsteigen. In Thalwil. Richtung Tessin. Irgendwann musste ich eingeschlafen sein. So viele Eindrücke in eine staunende Kinderseele... Ich erwachte, weil die Räder plötzlich anders schepperten. Wir fuhren durch einen langen, langen Tunnel. „Das ist der Gotthard-Tunnel", erklärte mir Mama. „Und wenn wir da durch sind, sind wir auf der Alpensüdseite." „Ist da dann alles anders?", wollte ich wissen. „Ja", sagte Mama. (Und heute, wo ich schon so lange auf der Alpensüdseite wohne, muss ich ihr immer noch Recht geben.) An einem Ort, der Bellinzona hieß, mussten wir umsteigen in einen andern Zug. Und kurze Zeit später in Locarno nochmals. Diesmal mussten wir unser Gepäck (ich hatte meinen Bergrucksack, ein Köfferchen und eine Puppe dabei) ein kurzes

Glyzinien: Ich bin sicher nicht allein mit der Behauptung, dass sie das allerfeinste Frühlings-Parfüm verströmen. Grund genug für mich, eine Glyzinie vor dem Schlafzimmerfenster zu pflanzen.

Meine Frühlingsgeschichte

Stück weit tragen. Ein See, ein großer See lag vor mir („Mama, ist das jetzt das Meer?") und wir stiegen – ich konnte das kaum glauben – auf ein riesengroßes, weißes Schiff. So eines, wie ich es noch nie gesehen hatte. Das Schiff fuhr im Zickzack über den See. An einem Ort, der „Froda" hieß, stiegen wir aus. Blaue Blütentrauben hingen von einer Mauer direkt am Schiffssteig. Und ein Duft, ein unbeschreiblich süßer Duft lag über allem. Das waren die Blumen. „Das sind Glyzinien", erklärte mir Mama. Und dazu schien eine Sonne, so warm, so herrlich. Berge hatte es auch. „Mama, in Froda möchte ich mein Leben lang bleiben", erklärte ich mit aller Bestimmtheit. Mama lächelte. „Warte es ab, es gibt noch viele schöne Orte auf dieser Welt." „Aber für mich wird Froda immer der schönste Ort sein." Mama lächelte mild. In der Nähe der Schiffsanlegestelle war das kleine Hotel. Es hatte einen mit einer Pergola bedeckten Garten. Und auch an dieser Pergo-

Auch so ein Frühlings-Glück. Mir kommt es immer vor, als ob das Farnkraut seine frischen Wedel freudig der Sonne entgegenrollen möchte.

la blühten Glyzinien. Schon das Frühstück konnte man hier einnehmen – und Mama hatte immer die gleiche Mühe, mich vom Duft dieser Blumen wegzulocken. Ich wollte nichts anderes tun, als mich an ihm buchstäblich zu berauschen. Wieder nach Hause zurückgekehrt, wo unterdessen der Schnee ebenfalls geschmolzen war, konnte ich nicht genug schwärmen von der Tessiner Sonne, dem Tessiner Blumenduft. „Jetzt hör aber auf damit", sagte Papa ärgerlich. „Die Aroser Sonne ist schließlich sogar im Wappen unseres Dorfes. Und Blumen, die duften, haben wir hier doch auch." „Papa, zeigst du sie mir?" Und damit tat ich den zweiten Schritt, der mich zu den Blumen und zum Garten führte. Papa war nicht nur mit Leib und Seele Bauer wie alle seine Vorfahren über viele Generationen. Er war auch ein passionierter Botaniker. Und seine kleine Tochter nun an seiner Leidenschaft teilhaben zu lassen, war für ihn wohl eine große Beglückung. Er nahm mich – ich ging ja noch nicht zur Schule – auf viele seiner Wege mit, die er zu seinen Kühen gehen musste. Auch die Sommeralp hatte einen Heustall. Es konnte hier ja mitten im Juli oder August manchmal schneien. Ein Teil der Ställe bedingte lange Fußmärsche, die ich an Papas Hand eben mitmachte. Unser Haus lag über der Waldgrenze. Und unsere Wege führten immer an Wiesen oder Weiden entlang. Weiden, die sich im Bergfrühling mit abertausenden verschiedenster Blumen bedecken. Papa pflückte ein ovales, bräunliches, wie mit Stacheln bedecktes Blümchen. „Das ist eine Nigritella. Riech mal, das gefällt dir sicher so gut wie dein Glyzinienduft." (War da so etwas wie Eifersucht aufs Tessin herauszuhören?) Der Vanilleduft des Männertreus ließ mich denjenigen der Glyzinien für eine Weile vergessen. Aber nach vielen Jahren machte ich meinen Kinderwunsch doch wahr: Ich zog ins Tessin. In ein Dorf, das auch Froda hieß. Und dort pflanzte ich an zwei Hausecken Glyzinien.

Frühlings-Nachrichten aus meinem Garten

Liebe Leserin, lieber Leser, diese Nachrichten sollen wie ein Gespräch über den Gartenzaun sein. Ich teile Ihnen meine Erlebnisse, sozusagen „Das Neuste vom Tage" aus meinem Garten, mit. Aber um meine oft etwas anders als in einem „normalen" Garten gelagerten Erlebnisse zu schildern, muss ich die näheren Umstände um mein Haus und meinen Garten einmal mehr schildern. Dass mein Haus und mein Garten allein zwischen Wiesen und Weiden liegen, wissen Sie mittlerweile schon. Auch dass ich zwei Nachbarn habe, die Ziegen und Schafe halten.

MEINE TIERE

Von meiner eigenen Landwirtschaft sind – außer eben diesem Garten – noch zwei Esel übrig geblieben, die ihr Gnadenbrot bekommen da: Pierino und Cora. Und dann hat es eine Gans. Sie heißt Mathilde. Sie ist die letzte einer kleinen Gänseherde, die ich vor mehr als zehn Jahren von einem Freund geschenkt bekam. Nein, auch ihre Mitgänse sind nicht im Kochtopf gelandet – aber im Magen der Füchse, die unsere Gegend unsicher machen. Vielleicht ist es auch nur ein einziger Fuchs, denn viel Nahrung finden diese Tiere hier nicht: Im Winter vielleicht Mäuse oder einen kranken Dachs, der sich nicht genug Futter für den Winterschlaf hat anfressen können, oder eine Katze, die im tiefen Schnee nicht schnell genug flüchten konnte, oder die Nachgeburten von Schafen und Ziegen, die hier einfach auf den Mist geworfen werden. Der Fuchs ist denn auch entsprechend dreist und tut mir eigentlich leid. Füttern darf ich ihn natürlich nicht. Das hieße, ihn an den Mittagstisch unseres Hauses gewöhnen. Und dann würde er meine Katzen und eben auch das Geflügel noch mehr gefährden. Aber auch er hat seine Daseinsberechtigung – und sei es auch bloß als Gesundheitspolizist. Manchmal sehen wir ihn mitten am Tag durch den Garten streifen. Mathildes Ehemann, der Konrad, hat ihn wahrscheinlich in einem solchen Moment auch gesehen – und ist mitten in seinem Teichlein an einem Herzschlag gestorben …

Die bisherige Entenfamilie hat ein Marder eines Nachts umgebracht. Jemand hat vergessen, abends ihre Stalltüre zu schließen. Und jetzt kommt also eine erste Neuigkeit aus meinem Garten: Ich habe wieder Enten. Nicht mehr Khaki-Enten, von denen mir seinerzeit ein lieber Leser ein Pärchen schenkte und die das raue Klima bei uns bestens ertrugen. Nein, diesmal sind es Laufenten – auch wieder ein Geschenk, diesmal von Bea, einer Leserin, der der Entensegen über den Kopf wuchs. Und nun sind also die Laufenten da –

Der liebe Gott hat Schnecken wohl nur deshalb erschaffen, dass Enten Nahrung finden.

Frühlings-Nachrichten aus meinem Garten

und die werden eine wichtige Aufgabe in meinem Garten zu erfüllen haben: Sie sollen zur Bekämpfung unserer schrecklichen Schneckenplage beitragen. Bea hat mir versichert, sie würden sich praktisch von Schnecken ernähren können, vorausgesetzt, sie hätten genug zu trinken. Letztere Bedingung kann ich leicht erfüllen, haben die Enten doch im kleinen Bachlauf zwischen meinem Haus und dem Garten ihren Stall und ein Teichlein. Und vielleicht freunden sie sich auch mit Mathilde an, dass die nicht so ganz einsam ihr Gänsewitwenleben leben muss und die in einem Stall mit noch mal einem Teich weiter oben im Bachlauf daheim ist.

SCHNECKEN

Wenn ich das Wort nur höre, graust es mir schon. Ich meine natürlich die Nacktschnecken, die sich seit zwei, drei Jahren meinen Garten als Tummelplatz ausersehen haben. Möglicherweise ist es die Strafe dafür, dass ich immer damit prahlte, bei mir gäbe es keine Nacktschnecken, dass sie nun so aufdringlich geworden sind. Manchmal habe ich Besuch von Freunden, denen es eine satanische Freude macht, jeden Morgen auf Schneckenjagd zu gehen und die Tiere entweder einzusammeln und dann mit kochendem Wasser zu übergießen oder mit einem Extra-Messer einfach in der Mitte durchzuschneiden. Und dann beim Frühstück stolz zu vermelden, dass es heute achtundvierzig oder siebenundfünfzig waren und gestern nur neununddreißig. Und ich? Es tut mir leid: Das kann ich einfach nicht. Schneckenkörner kommen für mich nicht in Frage. Mein Garten – überhaupt unsere ganze Umgebung hier – ist noch nie mit irgendwelchem chemischen Zeug in Kontakt gekommen. Ich käme mir wie ein absoluter Barbar vor, würde ich dieses Gleichgewicht zerstören. Schne-

Jedes Jahr ist es dasselbe: Ich bin bekümmert, wenn die Jungen der Singvögel zu früh schlüpfen. Und immer wieder staune ich, wie gut diese zarten, nackten Wesen schlechtem Wetter trotzen können.

cken hin oder her. Holzasche – in einem Wall um den Garten herum gelegt – würde die Schnecken abhalten. Aber: Auch wenn ich Holzofenbrot backe und wir jeden Abend unser Kaminfeuer genießen: Für mehr als einen Wall um ein, zwei Beete herum wird sie nicht genügen. Natürlich: Probieren werde ich es.

Und dann soll man den Garten am Morgen gießen und nicht abends. Auch wegen der Schnecken, die ja die Feuchtigkeit lieben. Aber wo bleibt die Trockenheit, wenn es regnet??

Und nun bin ich also auf unser Enten-Experiment gespannt.

Allgemeine Frühlingsarbeiten

Arbeitsbeginn im Garten: Ja, jetzt geht es mir beim Schreiben gleich wie beim Arbeiten im Garten: Wo soll ich anfangen?

In solchen Zweifelsfällen mache ich immer zuallererst eine Prioritätenliste. Und diese ist wiederum vom Wetter abhängig. (Und da muss ich gleich einfügen, dass meine Mitarbeiterinnen mich oft deswegen necken: Ich liebe es, Listen zu erstellen. Muss zu meiner Entschuldigung aber gleich beifügen, dass man das wohl als Marotte bezeichnen kann – allerdings eine Marotte, die mir das Leben sehr erleichtert, d.h., die mir hilft, meinen oft unüberwindlich erscheinenden Arbeitsberg einigermaßen organisiert abzutragen, sei es nun Garten-, Schreib- oder administrative Arbeit.

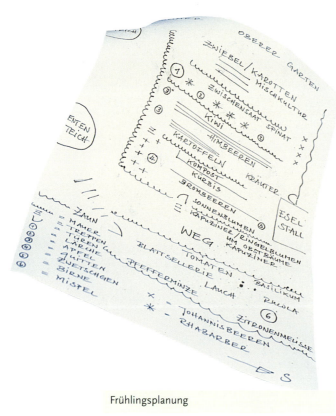

Frühlingsplanung

Das ist er: der „obere Garten" – mit zwei neugierigen Kartoffelstauden.

BEI GUTEM WETTER

- Frühbeet vorbereiten (siehe Zeichnung auf Seite 21)
- Plastikfolien von den Beeten entfernen
- Eventuell Dünger einhacken, wo das im Herbst versäumt wurde
- Eventuell jäten
- Plastikfolien wieder auflegen (Ich weiß, das sieht grässlich aus. Aber diese Folien ersparen uns viel Jätarbeit, da wir erst relativ spät daran gehen können, die Beete zu bebauen.)
- Himbeerstauden kontrollieren, eventuell erfrorene Ruten abschneiden
- Dasselbe bei den Johannis-, Josta- und Brombeeren machen
- Nachsehen, ob es noch Feldsalat hat, den man ernten könnte
- Stielmangold-Pflanzen nachsehen, ob die Schösslinge schon groß genug sind, um davon zu ernten. Eventuell den „Rhabarber-Trick" anwenden (siehe „Kathrins Tipp", Seite 19)
- Wie steht es beim Rhabarber (siehe „Kathrins Tipp", Seite 19)
- Im Kräutergarten Verdorrtes wegschnei-

Allgemeine Frühlingsarbeiten

den. Die Winterdecke vom Rosmarin entfernen
- Kompost sieben
- Den halbgaren Kompost umschichten
- Brennnesseljauche ansetzen (Genaueres siehe Seite 72 ff.)
- Wiese vor dem Haus sauber rechen, sobald die Krokusse verblüht sind
- Trockenmauern kontrollieren, eventuell eine gütige Maurer-Hilfe um die Reparatur bitten
- Eselweide sauber rechen, düngen. Zaun nachsehen, eventuell reparieren
- Zäune rings um den Garten und ums Haus nachsehen, eventuell reparieren
- Die kleinen Grasflächen beim Haus düngen
- Grasflächen bei den Beeren säubern, sobald nötig mit dem Hand-Rasenmäher abmähen

> **KATHRINS TIPP**
>
> *Eigentlich ist das ein Tipp meiner Großmutter. Sie wandte nämlich folgenden Trick an, um frühzeitig Rhabarber ernten zu können: Jeweils abends vor Sonnenuntergang über ein paar Stauden einen halb mit Holzwolle gefüllten Kübel stülpen und diesen immer erst wegnehmen, wenn die Sonne wieder darauf scheint. Die Ernte kann bei diesen Stauden um mindestens zwei Wochen vorverlegt werden.* **Mein** *Ergänzungstipp dazu ist, dass er sich auch bei Stielmangold-Pflanzen, die wir letztes Jahr stehen ließen, anwenden lässt.*

- Gartenschläuche verlegen
- Wasserleitungen kontrollieren. Ist keine eingefroren?
- Wassertonnen verteilen

Frühling ist Aussaat- und Pflanzzeit.

Frühjahr

BEI SCHLECHTEM WETTER

- Gartenplan zeichnen
- Blumenkisten mit heißem Schmierseifenwasser auswaschen (Schädlingsbekämpfung)
- Bestand an überwinterten Geranien und Weihrauch notieren, um bei der Handelsgärtnerei Petunien und *Calceolaria*-Setzlinge reservieren zu lassen
- Tomaten-, Lauch-, Zucchini-, Gurken-Setzlinge bestellen. Natürlich würde ich es vorziehen, auch die obigen Pflanzen selbst anzusäen. Mein Haus ist aber dafür ungeeignet, weil die Fenster zu klein sind und der Lichteinfall infolgedessen zu gering ist. Andererseits erhalte ich mir mit dem Kauf der Setzlinge beim Handelsgärtner die Freundschaft jener Gärtnerin, mit der mich eine herzliche Freundschaft verbindet und der ich viele gute Tipps verdanke.
- Die überwinterten Fuchsien umtopfen. Auf Blattlausbefall kontrollieren. Eventuell mit Schmierseifenwasser spritzen

Auch ein Grund zum Feiern: den ersten Schmaus von Frühlingssalaten aus dem eigenen Garten.

- Dahlien und Begonien-Knollen vortreiben
- Samenvorrat durchsehen (Verfalldatum?)
- Für Fehlendes Einkaufsliste erstellen (Setzzwiebeln nicht vergessen!)
- Bebauungsplan machen
- Diesem entsprechend einen Aussaatplan für das Frühbeet machen

Was wir im Frühbeet aussäen: je 1 Reihe: Kohlrabi blau und grün, Brokkoli, Kürbis (drei verschiedene Sorten), Blumenkohl, Schnittsellerie, Sonnenblumen hohe und niedrige, *Cosmea*, Schwarzäugige Susanne, Wicken, Prunkwinde.

Was wir im April im Freiland aussäen und setzen (Bis Ende Mai darf nur innerhalb der Gartenzäune ausgesät werden. Schafe, Esel und Ziegen würden die Schösslinge sonst fressen.): Karotten, Puffbohnen, Erbsen, Zuckererbsen, Rucola, Fleischkraut, Pflücksa-

Und wenn ich schon vom Säen erzähle: Auch hier hat mir meine Großmutter einen Trick beigebracht, der das Säen von kleinkörnigem Saatgut (z. B. Karotten) sehr erleichtert. Die Samen sorgfältig mit feinem Sand vermengen. Portionenweise auf eine gefaltete alte Postkarte oder einen ähnlichen Karton geben und von da in die mit einem Rechenstiel vorbereitete Saatrille gleiten lassen.

lat, Kartoffeln, Dill, Borretsch, glatte Petersilie, Neuseeländer Spinat, Sonnenblumen, Ringelblumen, Kapuziner.

GARTEN-MITTEILUNG AN SANDRA UND CARLO 12. MAI

1. Terrasse: Rüebli und Zwiebeln in Mischkultur
2. Terrasse: Zwischen dem Rhabarber: Neuseeländer und gewöhnlicher Spinat
3. Terrasse: Unterhalb des Kräuterbeetes: Krautstiele, neben den Kartoffeln: Brokkoli, Kohlrabi, Randen, der Mauer gegen den Kompost entlang Kapuzinerkresse
4. Terrasse: auf dem Kompost Kürbisse und Zucchetti, ca. 20 cm hinter dem Zaun gegen den Weg: Sonnenblumen und Wicken, abwechslungsweise, nahe am Zaun, aber dahinter: Ringelblumen, vorne am Zaun: Kapuziner (aus dem Frühbeet, aber erst setzen, wenn die Geißen nicht mehr da sind).
5. Terrasse (unter dem Weg): Dem oberen Rand entlang Tomaten, in den Beeten Rucola, Cicoria, Blattsellerie, Lauch, am unteren Rand entlang: Pfefferminze und Zitronenmelisse.

P.S 1.: Terrasse heißen bei mir die Beete, weil sie terrassenförmig am Hang angelegt sind.
P.S 2.: „Rüebli" sind Karotten oder Möhren, „Krautstiele" sind Stielmangold, Zucchetti = Zucchini und „Geißen" Ziegen.

> Warmes Frühbeet packen
> 1. Frischer Tiermist wird – abgedeckt mit Folie – einige Tage gelagert.
>
> 2. Eine Schicht aus 2 cm Laub, 30 cm Mist, 5 cm Laub und 20 cm Erde bilden zusammen die Füllung der Mulde im Frühbeet.
>
> 3. Bevor die obere Erdschicht eingefüllt wird, muss der abgelagerte Mist noch einmal festgetreten werden.
>
> Als Abdeckung für das Frühbeet dienen alte Fensterscheiben.

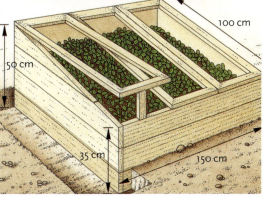

Erde und Mauern

Erde, was ist das? Ich kann mir die Antwort leicht machen: „Erde ist der Nährboden für alle Pflanzen, Erde heißt aber auch der Planet, auf dem wir wohnen." Und dieser Doppelsinn, den das Wort „Erde" hat, bringt mich dann zum Nachdenken. Der gleiche Doppelsinn ist auch in andern Sprachen da: la terra, la terre, the earth. Die „Erde, auf der wir wohnen", ist der Nährboden nicht nur aller Pflanzen, nein, aller Lebewesen: Pflanzen, Menschen, Tiere...

Von der Nähe betrachtet eine meist krümelige, hell- oder dunkelbraune oder rötliche Masse. Der Gärtner hat sie lieber, wenn sie krümelig ist, wenn sie das Wasser durchlässt.

Das sind die ganz und gar realistischen Erklärungen zur Erde. Aber dann bücke ich mich, nehme eine Handvoll Erde, fühle die Frühlingswärme, die sie schon gespeichert hat, rieche ihren Geruch, zerreibe sie zwischen meinen Fingern. Es hat Sandkörner darin. Die Erde meines Gartens. Wenn sie nicht längst vertrocknet wären, hätte es auch meine Schweißtropfen dabei.

MEIN LAND

Und da bin ich wieder bei der Entstehungsgeschichte meines Gartens: Als ich das Land um die Lärche kaufte, war es Wiese. In meinem Vorwort habe ich es so schlicht und einfach ausgedrückt: „Und aus dieser Wiese wurde dann mein Garten."

Mein Gott, wenn ich daran denke, wie viele Tage ich damit verbrachte, die Wiese zu roden, wie viele Abende, die schmerzenden Blasen an den Händen zu salben, den ebenso schmerzenden Rücken mit dem Auflegen einer Bettflasche zu beruhigen... Ich lebte damals ganz allein in meinem kleinen Paradies und war stolz darauf, alles allein machen zu können. Wahrscheinlich war hier noch nie etwas anderes gewesen als Wiese. Ich begann meine Arbeit im Herbst (Odivio hatte mir dazu geraten), drehte die Gras-Soden einfach um. Die Erde darunter war wunderbar leicht, krümelig, aber durchsetzt mit Steinen, Steinen, Steinen. Weshalb mussten denn in dieser schönen Erde so viele Steine sein? Diejenigen, die mehr als faustgroß waren, legte ich in einen Korb und warf sie in den kleinen Bachlauf zwischen Haus und Garten. Wenigstens musste ich sie nicht weit tragen. Anfangs wollte ich die Steinkörbe zählen – aber irgendwann vergaß ich das. Und dann

Jeder Gärtner darf mich um diese Erde beneiden, ...

...die davon erzählt, dass hier vor mir schon von vielen anderen Gärtnern gearbeitet worden ist.

Erde und Mauern

merkte ich, dass das Gelände wohl etwas zu abschüssig war, die leichte, sandige Erde bald weggeschwemmt werden würde.

Wiederum wusste Odivio Rat: „Schau doch den Felsen an, an dem die Lärche steht. Lass ihn von einem Steinhauer abbauen. Dann hast du auf den Platz geliefert die Steine für Mauern, die das Gelände terrassieren. Und einen Maurer weiß ich auch. Der macht dir das in ein paar Wochen."

So kam es, dass aus der Wiese ein terrassierter Garten wurde. Hätte ich die Steine hertransportieren lassen müssen, hätte ich niemals das Geld dafür gehabt. Aber daraus habe ich gelernt, dass Erde auch Steine zum Bauen von Mauern braucht. Mauern, die mir dann Geschichten erzählen können. (Seither kann ich nirgends mehr Mauern sehen, ohne an die Menschen zu denken, die sie gebaut haben, mich zu fragen, woher sie die Steine nahmen...)

Wundert es jemand, dass mir all diese Gedanken und Erinnerungen durch den Kopf gehen, wenn ich eine Hand voll Erde durch meine Finger rieseln lasse – und dass mich dabei eine Art Ehrfurcht überkommt. Wie ist es doch auf unserem Planeten Erde großartig eingerichtet: Er ist mit Erde bedeckt, Erde in und bei der auch die Steine sind, aus denen man Mauern bauen kann, um dann einen Garten anzulegen...

Und dafür soll man nicht dankbar und glücklich sein? Der Chinese, dessen Sprichwort ich an den Anfang dieses Buches stellte, war sehr, sehr weise.

KATHRINS TIPP

Bei mir kommen alle vegetabilen Abfälle auf den Komposthaufen hinterm Haus und werden zu Blumenerde. Also dürfen auch Bananen- und Orangenschalen dazu. Im Frühling wird der verrottete Kompost gesiebt und in die Blumenkisten abgefüllt. Noch Hornspäne darunter gemischt – und meine Blumen danken es mit einer Blütenfülle.

Ich behaupte es immer wieder: Blumen, mit denen man spricht, gedeihen besser.

Mischkulturen

Mit den „Mischkulturen" verhält es sich gleich wie bei vielen anderen Tätigkeiten, die unseren Großmüttern einfach geläufig waren und die ich heute wieder lernen müsste – hätten meine Großmutter oder meine Mutter mir das nicht als Kind schon beigebracht. Allerdings, die Mischkultur die ich damals lernte, war sehr, sehr einfach:

Karotten und Zwiebeln oder Lauch gehören in abwechselnden Reihen gesät und gesetzt auf dasselbe Beet. Rhabarber liebt Spinat. Erdbeeren mögen Radieschen. Fertig.

Aber in unserm Garten – ich sagte es schon, er lag auf über 1.900 m ü.M. – gedieh nicht viel anderes.

Und als ich meinen Garten hier im Tessin zum ersten Mal bepflanzte, befolgte ich die als Kind gelernten Regeln. Auch da wo ich wohne, herrscht oft ein raues Klima. Pflanzen, die im Garten meiner Großmutter wuchsen, würden aber hier sicher gedeihen. Und sie gediehen auch.

Natürlich war ich als neugebackene Gärtnerin wissbegierig (nein, das ist falsch ausgedrückt, ich bin es immer noch)! Vor gut dreißig Jahren blühte das Wissen um biologisches Gärtnern (das eigentlich nichts anderes ist als Gärtnern, wie es unsere Großmütter kannten) wieder auf. Natürliches Düngen, Schädlingsbekämpfung ohne Gift und eben Mischkulturen. Man braucht eigentlich nicht viel Tabellen, um zu wissen, welche Pflanzen sich besonders mögen (oder hassen). Vielmehr braucht man seinen Verstand:

Pflanzen, die die gleiche Bodenbeschaffenheit mögen, gehören zusammen. Wenn dieses Ausscheidungs-Kriterium erfüllt ist, gehören Wurzel- und Blattgemüse auf dasselbe Beet. Und wenn man dann noch die Wachstumsverhältnisse berücksichtigt, hat man die idealen Zusammenstellungen. Der nächste Schritt ist die Planung für das folgende Jahr: Da dünge ich die Beete der diesjährigen Schwachzehrer für die Starkzehrer des nächsten Jahres und rutsche alle andern Mischkulturen um eine Stufe vor.

Ich weiß, das wäre die schöne Theorie, die bei mir – ich muss das offen zugeben – manchmal gewaltig durcheinander gerät. Da habe ich zuviel Kohlrabi-Setzlinge, dort fehlt es mir an Setzzwiebeln. Da hilft mir diese und jene Freundin und setzt etwas irgendwo hin, wo ich es eigentlich nicht haben wollte. Dann betrachte ich es eben als Experiment, „ob das wohl gedeiht" und bin dabei oft überrascht – manchmal auch enttäuscht.

Nachstehend eine kleine Liste von Pflanzen, die ich besonders gerne zusammen wachsen lasse:

▸ Zwiebel und Karotte
▸ Pfefferminze und/oder Petersilie und Tomaten
▸ Rosen und Schnittlauch
▸ Rhabarber und Spinat
▸ Knoblauch und Erdbeeren
▸ Bohnen und Bohnenkraut
▸ Obstbäume und Kapuzinerkresse

Zwiebeln und Möhren in Mischkultur: Eine Pflanze vertreibt die Schädlinge der anderen.

Mischkultur Lauch und Erdbeeren. Beide mögen denselben Boden und stehen einander nicht im Weg.

Mischkulturen

AUSWAHL GEEIGNETER MISCHKULTUREN IM GEMÜSEGARTEN
(+ günstige Kombination, – ungünstige Kombination, ▢ neutrale Kombination oder keine Erfahrung)

Gemüseart	Artischocke	Buschbohne	Chinakohl	Endivien	Erbse	Feldsalat	Gurke	Grünspargel	Kartoffel	Knollenfenchel	Kohlarten	Kohlrabi	Kopfsalat	Mairüben	Mangold	Möhre	Neuseeländer Spinat	Paprika	Pastinake	Lauch	Radieschen	Rettich	Rhabarber	Rote Bete	Schwarzwurzeln	Sellerie	Spargel	Spinat	Stangenbohne	Tomate	Zichoriensalat	Zucchini	Zuckermais	Zwiebel
Artischocke							+		–				+													+								
Buschbohne			–		+		+	–	+	+	+	+	+	–						–	+	+	+	+		+		+		+				–
Chinakohl	+			+			–		–		+		+							–	–	–				+								
Endivien	+						+	+	+			+								+	+	+							+	+				+
Erbse	–			+		–	+	+	+	+	+		+							–	+	+	+	+		+		+	–	–		+	+	–
Feldsalat							+	+												+	+		+					+		+				+
Gurke	+		+					–		+	+	+	+							–	–		+			+		+	+	–			+	+
Grünspargel	+		+	+			–					+	+			+				+										+				–
Kartoffel	+		–	–							–	+						+			–	–		+		–			+					
Knollenfenchel	–	+	+	+	+						+	+	+							+						+		–	–	+				
Kohlarten	+	+	+	+	+		–	+				+		+	+					+	+	+	+			+			+	+	+			–
Kohlrabi	+	–		+	+		+						+					+		+	+	+		+	+	+	+	+	+	+				+
Kopfsalat	+		+	+			–	+	+		+			+				+		+	+	+		+	+	+	+	+	+	+				+
Mairüben	+		+								+		+			+				+						+		+	+	+				
Mangold	+						+	+	+	+		+								+	+		–						–	+				
Möhre				+					+	+	+		+	+						+	+	+		+	+			+		+				+
Neuseeländer Spinat							+	+			+	+									+	+								+				
Paprika	–			+							+																	–		+				
Pastinake				+					+	+										+	+		+			+				+				
Lauch	–	+	–	+	+						+		+								+	+		–	+	+		+	–	+				+
Radieschen	+	–		+	–						+	+	+	+			+	+								+		+	+					–
Rettich	+	–		+	–						+	+	+	+			+	+								+		+	+					–
Rhabarber	+			+							+	+	+													+								
Rote Bete	+		+	+	+		–		+	+	+		–			+	–	+	+							–	–			–	+			
Schwarzwurzeln							+	+			+			+		+			+															+
Sellerie	+		+	+		–	+	+			+					+		+	+										+	+	–			
Spargel							+	+																										
Spinat	+			+	+		+	+		+	+		+	+	+	+	–		+							+	+		–					–
Stangenbohne		+	–	+	+		+	–	+	+	+	+	+							–	+	+		+		+		+		+		+	+	–
Tomate	+		–		+			+	–	+	+	+				–	+	+		+	+			–		+		+			+	–		+
Zichoriensalat								+			+		+								+							+	+					+
Zucchini		+		–					+			–									–								+	+	–		+	+
Zuckermais	+		+	+					+											–	–							+	+	+				
Zwiebel	+	–	+	+			–	–				+	+	–		+			–	–	–	+		–	–	+		–	–	+				

Arbeiten im Gemüsegarten

Auch hier: Ich berichte von den Gemüsen, die bei mir gedeihen und von denjenigen, denen das Klima und die Sonnenscheindauer hier nicht gefallen. Eines sei vorweg genommen: Setzlinge, die in rauem Klima kultiviert worden sind, sind in allen Belangen kräftiger und widerstandsfähiger. Dieses Wissen würde es eigentlich nach sich ziehen, dass wir unsere Setzlinge selbst heranziehen müssten. Dem steht aber eben die Tatsache im Weg, dass ich aus baulichen Gründen die Möglichkeit dazu nicht habe. Mein Traum von einem Gewächshaus wird wohl ewig ein Traum bleiben ...

GEMÜSE VON A BIS Z

Bohnen fühlen sich bei uns sehr, sehr wohl. Puffbohnen, Feuerbohnen, Stangenbohnen, Buschbohnen.

Brokkoli ziehen wir selbst an. Er ist ein so dankbares Gemüse: Wir schneiden immer wieder die Blütensprossen ab und ernten Brokkoli bis in den Oktober hinein. Was ich gelernt habe: Helferinnen, die wenige Gartenkenntnisse haben, müssen darauf aufmerksam gemacht werden, dass man Brokkoli nicht erntet wie einen Blumenkohl: Kopf ab und weg!

Erbsen sollten ja im März gesät werden. Dann ist es bei uns noch viel zu kalt. Sie keimen kaum oder die Samen werden von den Vögeln gefressen. Mache ich das aber erst Ende April, dann wachsen sie, dass es eine wahre Freude ist.

Fleischkraut ist eine Zichorienart, die hier in jedem Garten angesät wird. Meine Nachbarn nennen sie schlicht „Cicoria" – also Zichorie. Eine dankbarere Salatpflanze kenne ich nicht – es sei denn, man mag keinen bitteren Salat. Man sät Cicoria in Reihen, kann nach etwa fünf Wochen zum ersten Mal ernten, indem man die Blattreihen nach Bedarf abschneidet, sie wächst mindestens dreimal nach und – hurra – Schnecken mögen sie gar nicht.

Karotten säe ich mit Hilfe des Sand-Tricks von Seite 20, weil es mir als sparsamer Gärtnerin Leid tut, beim Pikieren zu viele Pflänzchen zu entfernen.

Kartoffeln: Wer ganz, ganz feine ..., nein, das ist zu wenig: Wer exquisite Kartoffeln essen will, der komme zu mir! Wir pflanzen sie unten am Fluss auf einer kleinen Ebene mit Schwemmland. (Die Geschichte dieses Extra-Gartens erzähle ich in meiner Sommergeschichte auf Seite 54 f.). Die Ebene heißt „Lorentino", und „patate di Lorentino" sind das schönste Weihnachtsgeschenk, dass ich meinen Nachbarn machen kann. Es sind nämlich die besten auf der ganzen Welt. (Und wer die Geschichte meines ersten Kartoffelanbaus lesen will: siehe „Kleine Welt im Tessin".) Welche Sorte ich anbaue? Natürlich „Desirée" – eine rote Kartoffel, die sich gut für unsere schweizerische Nationalspeise, die „Röschti", eignet. Sie ist fest kochend. Und dann eine

Kohlrabi-Setzlinge, selbst gezogen im Frühbeet

mehlige Sorte – eigentlich ist es gar nicht so wichtig welche. Sie gedeihen und schmecken alle gut.

Kohlrabi, weiße und rote sind bescheidene, dankbare Pflanzen. Ich habe aber bemerkt, dass man sie gut wässern muss, damit sie nicht verholzen.

Kürbis: Dem gefällt es bei uns. Wir setzen die Pflanzen direkt auf die umgesetzten Komposthaufen, der viel Schaf- und Eselsmist enthält. Wichtig ist nur, dass wir die Verpflanzung der Setzlinge erst vornehmen, wenn die Schafe und Ziegen auf der Alp sind, also gegen Ende Mai. Die Tiere mögen auch junge Kürbispflänzchen sehr – und die Komposthaufen sind nicht eingezäunt. Schlau, wie ich manchmal zu sein glaube, habe ich nach diesen Erfahrungen die Kürbisse direkt in den Mist gesät. Mit dem Resultat, dass sie noch nicht reif waren, als die Tiere wieder von der Alp kamen (Mitte Oktober). Unreife Kürbisse mögen sie noch mehr als Kürbissetzlinge. Wenn (was Gott verhüten möge) eine Hungersnot drohen würde: Ich würde jeden geeigneten Flecken mit Kürbis bepflanzen. Kürbis bringt wohl den größten Ertrag, gibt wenig Arbeit und lässt sich auf vielfältige Art zubereiten und konservieren.

Lauch ist eine der robustesten Gemüsepflanzen, die ich kenne. Kein Wunder, dass in den Kochrezepten der Schweizer Alpentäler Lauch in unendlichen Variationen anzutreffen ist. Wer im Sommer über den Gotthardpass fährt, schaue in Andermatt in die Gemüsegärten. Viel anderes als Lauch gedeiht hier gar nicht.

Meinen Lauch lasse ich entweder im Garten überwintern (weil der Schnee meist erst im Januar fällt), oder ich verpflanze ihn ins Frühbeet. Dann wächst er dort nämlich munter weiter.

Mangold: Sowohl Schnitt- wie Stielmangold gedeihen hier wunderbar. Beim Schnittmangold, den ich direkt ins Freie aussäe, muss ich mich immer zurückhalten. Die Ernte fällt meist (durch die drei bis vier möglichen Schnitte) so reichlich aus, dass meine Hausgenossinnen meckern, wenn im Winter zu oft Schnittmangold auf den Tisch kommt. Ich weiß noch, wie mein Herz blutete, als ich im Juni, um die Tiefkühltruhe für die neue Ernte zu räumen, etwa 10 kg Schnittmangold auf den Komposthaufen werfen musste.

Rucola – manchmal hat es große Vorteile, wenn eine solche Pflanze zur Mode wird. Wie einfach ist sie doch zu kultivieren und wie gut schmeckt der Salat.

Blattsalat und Rucola – Salatbuffet Marke Eigenbau

Karotten: Mich reuen die beim Pikieren ausgezupften Pflänzchen zwar, aber es ist sinnlos, sie verpflanzen zu wollen.

Stielmangold heißt bei uns „Krautstiele". Wenn ich im Frühbeet nicht genug Platz habe, kaufe ich Setzlinge. Acht Pflanzen genügen, um den Jahresbedarf meines Haushalts zu decken. Nur – das sagte ich schon an anderer Stelle: Man darf die Pflanzen im Herbst nicht entfernen. Das wissen viele Hobby-Gärtnerinnen nicht. Und ich ärgere mich, wenn ich vergaß, eine eifrige Freundin darauf aufmerksam zu machen, wenn sie im Herbst mithalf, den Garten aufzuräumen. Stielmangold bringt das erste frische Gemüse im nächsten Frühjahr. Aber dann muss man die Pflanzen entfernen. Sie bilden sonst Samen und die Blätter sind nicht mehr zart.

Pastinake: Es war nicht leicht, Samen dieser Pflanze mit dem komischen Namen zu finden. Aber ich war einfach neugierig, was sich dahinter verbirgt – und war nach meiner ersten Ernte total begeistert. Wenn ich sie mit einfachen Worten beschreiben soll: eine weiße, große Karotte! Form ähnlich wie Karotte, Geschmack ähnlich wie diese, aber viel längere und dickere Wurzeln, deshalb ausgiebigerer Ertrag. Ich frage mich, wie lange es noch dauert, bis die Pastinake neu entdeckt wird wie die Rauke!

Rauke (Rucola): Sie ist im Küchenrepertoire auf der Alpennordseite erst vor wenigen Jahren entdeckt worden und so etwas wie ein Modesalat geworden. Kunststück: Erstens schmeckt sie gut und für den Gärtner hat sie wiederum lauter Vorteile: Kurze Keimzeit, mehrere Schnitte möglich und zweimal hurra: Auch hier – die Schnecken mögen sie nicht.

Rote Bete, Randen: Vorteil: Anspruchslos. Nachteil: Besetzt das Beet während der ganzen Vegetationsperiode. Aber wenn ich dann im Winter einen feinen Randensalat esse, bin ich doch froh, ihr einen Platz in meinem Garten eingeräumt zu haben.

Sellerie: Wir kultivieren nur den Blattsellerie – unbedingtes Muss für eine Minestrone, dann vielseitiger Ersatz für Petersilie und unentbehrliche Zutat für Kräutersalz.

Tomaten: Ich beschränke mich darauf, hier – und das an der allerwärmsten Mauer – nur Kirschtomaten anzupflanzen. Solch ein sonnenwarmes Tomätchen, frisch vom Strauch, ist eine unbezahlbare Delikatesse. Aber wir haben hier im Dorf einen Biogärtner, der unzählige Tomaten-Sorten unter Folientunnels selbst anzieht und natürlich verkauft. Ich bin da Kundin. Mein Tomaten-Bedarf für das ganze Jahr wird während der Tomaten-Saison eingemacht. Strauchtomaten, die man auch im Januar kaufen kann, schmecken mir nicht und niemand kann mir sagen, wie die Samen manipuliert wurden, dass alle Tomaten am gleichen Stiel zur selben Zeit reifen und alle erst noch beinahe genau gleich groß sind…

Topinambur: Hier war es der gleiche Grund wie bei den Pastinaken, weshalb ich Topinambur pflanzen wollte: Der komische Name! Es dauerte ein paar Jahre, bis ich Topi-

Boden einmal pro Woche lockern ist Pflicht: Ich verwende eine Ziehhacke, mit der die Arbeit schnell getan ist.

Arbeiten im Gemüsegarten

Tomaten setzen
1. Pflanzloch für Tomaten ca. 40 cm ausheben, Stütze anbringen, einen Bund Brennnesseln hineinlegen, festtreten, etwas Erde darüber streuen. 2. Etwa 1 cm über dem Wurzelballen ein Stück Elektrokabel (natürlich ohne Isolation) durchstecken. 3. Setzling ins Pflanzloch legen, bis über den ersten Blattansatz mit Erde bedecken. 4. Mit dem Schuh die Erde fest pressen und gleichzeitig einen Gießrand um die Pflanze bilden. 5. Angießen.

nambur-Knollen überhaupt fand: Im Mitteilungsblatt der Kleintierzüchter. Da wurde Topinambur angepriesen als Kaninchenfutter! Wobei es nicht um die Knolle, sondern um die Blätter ging, die man während der ganzen Wuchsperiode der Pflanze ernten und eben den Kaninchen füttern sollte (die ich damals züchtete). Dass die Topinamburknolle, gekocht und dann geschält wie eine Pellkartoffel, ganz ausgezeichnet schmeckt, habe ich eher zufälligerweise entdeckt. Und dass ihre Blume (wie eine kleinblütige Sonnenblume) eine wahre Gartenzierde ist, bekommt die Gärtnerin noch als Gratisgeschenk. Darum mein Rat: Gartenfreunde, setzt Topinamburknollen – aber nicht nur im Nutzgarten. Auch im Blumenbeet!

Zichorie: Und damit meine ich jetzt die Pflanze, die wir Hausfrauen als „Brüsseler Zichorie" kennen, ist eine jener Salatpflanzen, die uns hilft, den Winter zu überbrücken, wenn es im Garten keinen Blattsalat mehr gibt. Sie wird im Frühling ins Freiland gesät, ausgedünnt, natürlich gelegentlich gejätet. Im Herbst zieht man sie sorgfältig aus der Erde, schneidet das Kraut 1 cm über der Wurzel ab, pflanzt die Wurzeln zu fünft in Töpfe von ca. 20 cm Durchmesser. Die Töpfe stellt man in den kühlen, dunklen Keller. Nach und nach holt man die Töpfe in einen warmen, dunklen Raum (z. B. Heizung), wässert sie und hat nach etwa zehn Tagen Chicorée, von dem man weiß, dass er in Erde gepflanzt und nicht chemisch gedüngt war… Aber auch hier eben: Gewusst wie!

Zwiebeln: Deren Loblied kann ich nicht laut genug singen. Wichtig scheint mir der Hinweis auf die Aufbewahrung: Ich flechte die geernteten, auf meinen Steinplatten mitsamt den Stängeln gut getrockneten Zwiebeln zu Zöpfen, die ich an einem dunklen, trockenen Ort auf einer Stange aufgereiht aufbewahre. Bis in den April hinein habe ich Zwiebeln ohne Schösslinge.

Arbeiten im Kräutergarten

Um es vorweg zu nehmen: Ich beneide alle Gärtnerinnen, die die Möglichkeit haben, neben einem Gemüse- und Blumengarten auch noch einen eigentlichen Extra-Kräutergarten anzulegen. Das sieht dann so schön aus, besonders wenn noch schön geschriebene Schildchen mit den Namen der einzelnen Kräuter dabei stecken. Eben: Beneidenswert.

Borretsch – unter den Würzkräutern der Hansdampf in allen Gassen … äh Beeten

Estragon: Vooorsicht – hat ganze starke Würzkraft!

Bei mir geht das nicht. Da ist einmal das Gelände, das es nicht erlaubt, alle Kräuter beieinander anzupflanzen, es sei denn, ich würde den Kräutern noch Raum abtreten, den ich fürs Gemüse brauche. Dann kommt dazu, dass ja nicht samt und sonders alle Kräuter dieselben Ansprüche an den Boden, den Standort und an die Bewässerung stellen.

DIE FRAGE DES STANDORTS

Beinahe alle Mittelmeerkräuter verlangen einen geschützten, sonnigen, sandigen Standort, eher trockenen Boden, keine Düngung. Der Schnittlauch ist ein bescheidener Geselle, der aber gerne ein bisschen Kompost bekommt, Basilikum, Petersilie, Blattsellerie eher fetten Boden, eher mehr Wasser (deshalb bilden sie gerne eine Gemeinschaft mit den Tomaten). Pfefferminze und Zitronenmelisse überwuchern alles, wenn man das zulässt, Borretsch wiederum macht sich selbständig und grünt und blüht überall dort, wo es ihm passt.

Ja bitte, wie kriege ich all diese Kräuterkinder in dieselbe Schule, respektive unter einen Hut, respektive in einen in sich geschlossenen Kräutergarten??

Einerseits wäre das für einen ordentlichen Menschen (wie mich) ein Grund zur Verzweiflung, andererseits ist es eine Herausforderung, eben flexibel zu denken und zu sein.

Wen – außer mir – stört es schon, wenn also Basilikum und Petersilie bei den Tomaten wachsen, wenn die Pfefferminze hinterm Frühbeet langsam, aber sicher allen dort vorhandenen Raum überwuchert? Und dann habe ich für meine Gärtner-Ordnungsliebe immer noch einen großen Trost (oder ist es etwa eine Ausrede?). Mein Garten ist ein Dschungel-Garten!

Die ganze Welt um mich herum ist eigentlich ein Dschungel. Die Bäume wachsen da, wo es ihnen gefällt, die Wiesenblumen tun dasselbe. Die Gartenblumen, deren Samen ich stehen lasse (Akelei, Fingerhut, Tradeskantien), auch.

Weshalb soll mein Garten denn so gepützelt und aufgeräumt, wie mit dem Lineal und dem Zirkel gepflanzt, daliegen? Ich denke mit Schrecken an den Garten eines befreundeten Ehepaars, bei dem der Rasen so aussieht, wie wenn er mit dem Nagelscherchen geschnitten würde, die Gurken so akkurat aufgebunden sind, dass sie eher wie künstliche Pflanzen aussehen, die Salatköpfe wie die Riesen-Westenknöpfe an der Weste eines riesigen Riesenbauchs angenäht scheinen. Diesen Garten wage ich kaum zu betreten. Es könnte ja ein Hälmchen geknickt werden, das senkrecht zu stehen hätte.

MEINEN GARTEN SOLL MAN BETRETEN DÜRFEN

Und – das sei hier auch betont – auch meine Katzen und Hunde dürfen ihn betreten. Die Hunde haben als Welpen gelernt, dass man als Hund auf den Wegen zu bleiben hat, und die Katzen haben so viel Auslauf, dass ich noch nie eine zerwühlte Saatrille entdeckt hätte (und eine Zeitlang hatte ich 13 (dreizehn) Katzen)! Wer bei mir über das Thema „Katzen im Garten" jammert, findet kein Gehör – höchstens ein mitleidiges Lächeln. Ich denke nämlich, dass die Abneigung den Besitzern der Katzen und nicht unbedingt den Katzen selbst gilt…

Aber, Entschuldigung, jetzt bin ich abgeschweift. Das Kapitel soll ja von Kräutern und nicht von Katzen handeln. Einzige Ausrede: beides beginnt mit K!

KATHRINS TIPP

Rosmarin winterhart? Ich muss es gestehen: Es ist mir noch nie gelungen, einen Rosmarin im Freien zu überwintern. Den nachstehenden Tipp habe ich kürzlich von meinem Nachbarn Odivio erhalten: Einen Rosmarinstrauch im Topf während des Sommers in eine sonnige Ecke stellen und – vergessen! Das heißt, weder gießen, noch auch nur einen einzigen Zweig davon pflücken. Im Haus an einem kühlen, hellen Ort überwintern, ganz mäßig gießen. Im zweiten Jahr wie im ersten vorgehen. Nach zwei Jahren sind die Äste so verholzt, dass die Pflanze auch den Winter im Freien übersteht.

DEN GARTENRAND FÜR MEHRJÄHRIGE KRÄUTER RESERVIEREN

Von Vorteil ist es sicher, mehrjährige Gartenkräuter dem Gartenrand entlang zu pflanzen. Da können sie wachsen, ohne im Herbst oder im Frühling wegen der Düngung im Weg zu stehen. Eventuell kann man sie mit einem Windschutz in Form von Sonnenblumen oder Beerenstauden versehen. (Da kommt aber schon wieder die Frage der Standortansprüche. Rosmarin, Oregano, Salbei, Thymian lieben trockenen Boden, Sonnenblumen brauchen viel Wasser). Ich denke, man muss den Mut zum Pröbeln haben, und das Auge, um kränkelnde Pflanzen eventuell zu versetzen. Da ist anzumerken, dass Pflanzen für mich Lebewesen sind wie Tiere und Menschen. Auch sie darf man nicht aus Unachtsamkeit leiden lassen.

Nun höre ich Fragen: Wo bleiben z. B. der Ysop, der Beifuß, Kümmel, Anis, Koriander? Die ersteren beiden brauche ich selten bis gar nie in meiner Küche, die letzteren habe ich einige Male vergeblich anzusäen versucht

Dill: Interessant – nur in Mittelmeer-Rezepten aus der Türkei finde ich dieses Kraut. Ich denke es wurde von den Engländern dorthin transportiert.

Thymian: Bei mir müsste ich ihn eigentlich nicht im Kräuterbeet pflanzen. Im Juni blüht er rings ums Haus und sogar auf der Eselsweide.

MEINE KRÄUTERGARTEN(UN)ORDNUNG

Name	Standort	Boden
Mehrjährige Kräuter		
Beinwell	sonnig	beliebig
Bohnenkraut (Winter)	sonnig	trocken
Estragon	sonnig bis halbschattig	trocken
Liebstöckel	sonnig bis halbschattig	feucht (hätte lieber schwereren Boden)
Majoran (Winter)	sonnig	trocken
Oregano	sonnig	feucht
Pfefferminze	sonnig bis halbschattig	feucht
Rosmarin	sonnig	trocken
Salbei	sonnig	trocken
Schnittlauch	sonnig	feucht
Thymian	sonnig	trocken
Zitronenmelisse	sonnig bis halbschattig	feucht
Einjährige Kräuter		
Basilikum	sonnig	feucht
Bohnenkraut	sonnig	trocken
Borretsch	anspruchslos	anspruchslos
Dill	sonnig	feucht
Kerbel	halbschattig	feucht
Majoran (Sommer)	sonnig	trocken
Zweijähriges Kraut		
Petersilie	halbschattig	feucht

und versuche es jetzt gerade wieder, aber die Beschaffung von Samen ist gar nicht einfach. Momentan versuchen wir es mit Samen aus dem Gewürzregal des Supermarkts. Wenn ich Erfreuliches zu berichten hätte, wird es hier vor Drucklegung des Manuskripts angemerkt.

KRÄUTERGARTEN IN TÖPFEN

Einen (Ersatz-)Ausweg für den Kräutergarten – auch für Gärtnerinnen, die über keinen Garten verfügen, bietet noch die Bepflanzung von Balkonkisten und –töpfen:

Da hätte ich dann die Möglichkeit, z.B. den Rosmarin-Stock im Winter ins Haus zu nehmen, Basilikum schneckensicher auf dem Balkon zu ziehen – zudem ist der Weg von der Küche zu diesen Kräutern, die ich sehr oft brauche, nicht so weit. Ja, während dem ich das schreibe, kommt mir der Gedanke, ob ich für den Hausgebrauch nicht noch mehr Kräuter in Kisten vor dem Haus anpflanzen soll. Diejenigen, die wir für die Herstellung unserer verschiedenen Kräuterspezialitäten brauchen, die wir dann im Laden verkaufen, können ruhig da bleiben, wo sie bis jetzt auch waren. Wie man Kräuter konserviert, lesen Sie auf Seite 106 ff.

UND DIE WILDEN KRÄUTER DARF ICH NICHT VERGESSEN!

Es beginnt mit dem Huflattich. Diese Pflanze ist zwar vor ein paar Jahren etwas in Verruf geraten. Mein Apotheker-Freund versichert mir aber, sie sei wieder rehabilitiert. Gottlob, denn ich könnte mir vorstellen, dass es die Frauen der Steinzeit waren, die als erste entdeckten, dass Huflattich essbar ist.

Dann folgt das Loblied über die Brennnessel. Natürlich könnte ich über sie jammern. Sie wuchert rings um die Misthaufen, die Kürbisse behalten hier aber die Oberhand. Sie wuchert am Wegrand und inmitten von Beeten, wo ich sie gar nicht haben will. Zur Brennnessel gehört der Bibelspruch „Sie säten nicht und ernteten doch"! Was kann ich doch alles damit machen: Risotto mit Brennnesseln, d.h. mit den ganz zarten Brennnesselspitzen, die ich praktisch während der ganzen Vegetationsperiode ernten kann, sofern die Brennnesseln, wenn sie zu blühen beginnen, abgemäht werden. Solch zarte Spitzen eignen sich auch für Brennnesseltee. Der schmeckt zwar nicht besonders gut, unterstützt aber eine Blutreinigungskur.

Der **Gute Heinrich**: „Auf Lateinisch heißt er *Henricus bonus*." Der Name ist so leicht zu merken. Und ich komme mir vor wie eine alte Lateinerin, wenn ich meinen staunenden Freunden dieses Wissen kundtue. Auch er wächst hier. Vor dem Stall, am Wegrand bei der Brücke.

Manchmal sehe ich Walter – einer der älteren Dorfbewohner, der auffallend viele Kenntnisse über Wildpflanzen hat – mit einem Körbchen voller Gutem Heinrich (oder sind es dann Gute Heinriche??). „Das gibt den besseren Spinat als der zarteste Spinat aus dem Garten."

Schnittlauch: Das Würzkraut schlechthin, das sogar über der Waldgrenze gedeiht (und dort wild wächst).

Arbeiten im Obstgarten

BEERENOBST

Unser Klima eignet sich besonders gut für Beerenobst. Und mit Steinen durchsetzter Boden ist nochmals ideal dafür. Steine wärmen den Boden! Brombeeren, Johannisbeeren, Stachelbeeren, Kultur-Heidelbeeren verlangen jetzt außer Düngen und Mulchen kaum Bodenbearbeitung.

Himbeeren (ich habe eine sommertragende Sorte) sind im Vergleich zu den obigen Beerensorten während der ganzen Vegetationszeit sehr arbeitsaufwendig. Jetzt ist es Zeit, die neuen Schösslinge zum ersten Mal aufzubinden, eventuell nochmals zu düngen.

Brombeeren verlangen höchstens eine Kontrolle, um eventuell verdorrte Zweige abzuschneiden, die keine Blätter hervorgebracht haben. Düngen mit Kompost ist auch jetzt gut.

Dasselbe gilt für die **Johannisbeeren**.

Vielleicht ist das etwas unorthodox, wenn ich hier auch den **Schwarzen Holunder** erwähne. Diese Pflanze gehört eigentlich ganz zuoberst auf meine Beerenliste. Holunder ist so anspruchslos, dass ich ihn jetzt beinahe vergaß. Er wächst bei mir einerseits am Rande des Bachbetts beim Entenstall, dann hinterm Haus – und den Rest der vielen Holunderblüten und -beeren, die wir für unsere diversen Holunder-Spezialitäten brauchen, holen wir dort, wo er wild wächst. Dann gibt es in meinem Garten und auf einem gut eingezäunten Extra-Plätzchen einige Büsche von **Rotem Holunder**.

Ich habe einige Schösslinge von einer über der Waldgrenze gelegenen Alp hier gepflanzt, sorgfältig eingezäunt, denn Ziegen liiieben Holunderblüten.

Erdbeeren: Ich beobachte es immer häufiger, dass meine Nachbarn mit Plastikfolienabdeckung kultivieren. Vielleicht bin ich pinge-

Himbeeren – sie sind ja fein – nur: Manchmal stöhnen wir ob der vielen Arbeit, die ihre Kultur bedingt.

lig: Ich verwende diese Folien zwar, um die Beete während des Winters abzudecken, um so den Unkrautbefall im Frühling im Zaum zu halten. Aber während der Vegetationszeit mag ich dieses künstliche Material nicht im Garten. Bei mir wird ja nach wie vor mit Holzwolle unterlegt, die gleichzeitig den Unkrautbefall verhindert.

Kultur-Heidelbeeren: Bei uns im Dorf gibt es eine beachtliche Anpflanzung von Kulturheidelbeeren. Die Stauden wurden vor mehr als zwanzig Jahren von der Bergbauernhilfe eines Lebensmittelgroßhändlers gestiftet. Erstaunlich ist das fruchtige Aroma der Beeren (die ja botanisch gar keine Heidelbeeren sind). Das kommt daher, dass die Pflanzen direkt im hier sehr sauren Boden gepflanzt wurden. Ich habe auch schon Beeren versucht, die im Moorbeet gezogen wurden. Die schmecken nach gar nichts. Folgerung: Kulturheidelbeeren nur dort anpflanzen, wo die Bodenbeschaffenheit geeignet ist.

Rhabarber: Meine Rhabarberstöcke sind schon mehr als zwanzig Jahre alt und tragen und tragen. Allerdings: Wir verwöhnen sie mit Kompost-Gaben zweimal im Jahr – und mit Spinat als Mischkultur. Das mögen sie. Und weil Rhabarber im Frühling geerntet wird, hier noch die allereinfachste Methode, um ihn haltbar zu machen: Die gewaschenen Stängel in 1 cm breite Stücke schneiden, in ganz saubere Gläser mit Bügelverschluss schichten, mit kaltem Brunnenwasser auffüllen, dass das Wasser über dem Rhabarber steht. Verschließen. Fertig. Die Rhabarberstücke wären so ein Jahr haltbar. Wir benötigen sie aber, sobald die Erdbeeren reif sind, um Marmelade zu kochen.

BAUMOBST

Äpfel: Ich bin stolze Besitzerin von zwei Apfelbäumchen. Sie werden im Frühjahr

Obstbäume müssen natürlich geschnitten werden. Hier – ich muss es gestehen – lasse ich lieber Fachmänner ans Werk.
Zum Glück gibt es solche, die sich darum reißen. Muss ich es selbst machen, so lege ich eine Zeichnung, wie ich es machen sollte, vor mich hin und schaue nach jedem einzelnen Schnitt, ob das nun richtig war.

geschnitten, bekommen ebenfalls ihre Düngegabe in Form von Kompost und ein Paar Kapuzinerpflanzen ringsum, weil Obstbäume die gerne mögen.

Birnen: Hier kann ich nur einen Baum aufweisen. Momentan blüht er, dass es eine Freude ist. Aber die Blüte erfriert sehr oft. Er wird gepflegt wie die Apfelbäume.

Quitten: Vor etwa zehn Jahren erhielt ich ein Quittenbäumchen geschenkt. Ich denke, es liegt daran, dass es sehr spät blüht: Die Ernte wird jedes Jahr beträchtlicher. Nun haben wir noch ein zweites gepflanzt. Pflege: Kein Schnitt, nur Kompost auf der Baumscheibe und – natürlich – ein paar Kapuziner.

Zwetschgen: Ein Bäumchen steht in meinem Garten. Ich würde sagen, ein launisches Bäumchen. Zwei, drei Jahre lang trägt es nicht – um uns dann mit einem Erntesegen zu überschütten, den wir kaum meistern können. Pflege: Wie die Apfel- und Birnbäume.

Arbeiten im Blumengarten

Gut eingerichtet ist es ja: Die einjährigen Blumen säe ich im Frühling, die zweijährigen in der Sommermitte, Knollen und Zwiebeln beinahe alle im September, die Stauden setze ich im Herbst. Weniger gut ist es, dass es eine unglaubliche Auswahl jeder Blumenart gibt – aber schließlich ist es auch hier so, dass es in unserem Klima, unserer kurzen Sonnenscheindauer, nicht allen gefällt. Ich zähle hier deshalb nur diejenigen Einjährigen auf, die ich im Frühling ansäe und von denen ich weiß, dass sie in meinem Garten auch gerne gedeihen.

EINJÄHRIGE

Sonnenblume, Ringelblume, Jungfer im Grünen, Goldmohn, Tagetes, Glockenblume, *Cosmea*, Löwenmäulchen, Edelwicke, Prunkwinde, Schwarzäugige Susanne, Kapuziner, Feuerbohne, Glockenrebe. Die letzten sechs Blumenarten ranken. Ich brauche viele solche, weil die vielen Drahtgitter-Zäune verkleidet werden müssen. Zudem bilden rankende Pflanzen – wenn man sie dicht genug setzt, Windschutz. Das ist z.B. bei meinem Lorentino-Garten, der ja mitten in einer Ebene steht (siehe Seite 54 f.) besonders wichtig. Praktischer Vorteil und gleichzeitig Freude fürs Auge: Was will ich noch mehr!

Wir säen alle oben erwähnten Pflanzen im Frühbeet an. Beim Auspflanzen beachte ich, dass die Farben zusammenpassen. Was ich nie und nimmer mache: Orangefarbene und rosarote Blumen nebeneinander setzen. Und was ich auch beachte: Besonders weiße, aber auch hellgelbe Blüten dominieren. Meine Faustregel: Eine weiße auf mindestens fünf andersfarbige Blumen genügt.

Das gilt eigentlich noch viel mehr für den Blumenschmuck am Haus in Blumenkisten. Aber wenn dann (ach, wenn es doch schon soweit wäre!!) zum Beispiel über der untersten Gartenmauer zuvorderst eine Reihe Kapuziner über die Steine hinunterhängt, darüber eine Reihe Ringelblumen ihre Gesichter der Sonne zuwenden und gleich dahinter die Sonnenblumen weit ins Tal hinunterschauen, da, also ehrlich, da platze ich beinahe vor Stolz, vor gesundem Gärtnerinnenstolz.

Und mein Entzücken wird noch größer, wenn ich nahe zur Mauer gehe und hie und da aus den Mauerritzen zwischen den orangefarbenen Kapuzinern die blauen Borretschblüten hervorgucken sehe und – ich sagte es schon – sie mir sozusagen augenzwinkernd ein „ätsch, da bin ich auch" zuflüstern.

Kapuziner: Ich lasse sie eigentlich lieber über meine unzähligen Mauern hinunterklettern ...

Glyzinie: So schön, so duftend – und erst noch zweimal blühend. Beinahe zuviel für eine Blume!

Arbeiten im Blumengarten

Zum Teufel mit dem Gejammer über Schweißtropfen und Rückenschmerzen! Einen kurzen Augenblick mit diesen Blumenwesen und alle Mühsal ist vergessen, das Gärtnerleben ist nur noch schön.

VON DEN IM FRÜHJAHR BLÜHENDEN GEHÖLZEN

Was wäre denn ein Frühling ohne die Forsythie? Irgendwann hat mir eine liebe Freundin etliche Forsythienzweige gebracht. Ich habe sie gesetzt. Und jetzt blühen die gelben Flammen rings ums Haus. Dann, wenn höchstens die Weidenkätzchen den Frühling ankündigen. Weil noch kein Laub an den Bäumen ist, leuchten sie weit ins Tal hinunter.

Und wenn diese Blüte vorbei ist, dann werden die kleinen Zäpfchen an der Glyzinie jeden Tag ein bisschen größer – und ich kann es kaum erwarten, den Duft ihrer Blüten einzuatmen (und wieder in die Kindheit zurückzuträumen...). Und dann darf ich die *Clematis montana* nicht vergessen. Sie klettert über die West-Fassade des nördlichen Teils meines Hauses und versucht sich tapfer gegen den Efeu zu wehren, der sie zu überwuchern droht. Die Ranken gehen bis zum Dach und die zartweißen, rosa-angehauchten Blüten heben sich wunderschön vom rauen Putz ab. Gegen Ende des Frühlings erwartet mich nochmals ein Genuss: Das Geißblatt, das entlang dem Zaun wächst, der unsern Hof abschließt. Ich habe es nahe beim Esstisch gepflanzt, damit wir ihren Duft sozusagen einsaugen können. Interessant: Die Pflanze ist gegen dreißig Jahr alt – und kein bisschen weise... nein, wuchsmüde!

Ein Tipp für die Aussaat im Frühbeet an alle, die selbst Katzen oder solche in der Nachbarschaft haben: Ein geöffnetes Frühbeet könnte auch ein Katzenklo werden. Ich decke meines mit einem Vogelschutznetz zu.

Aussaat

1. Anzuchtschalen mit Erde füllen. Die Erde sollte in den obersten 2 – 3 cm möglichst fein gesiebt sein, daher kurz vor der Aussaat etwas Erde übersieben und mit einem Brett andrücken.

2. Säen. Samen gleichmäßig verteilen – ein leichtes Klopfen auf die Tüte hilft dabei. Wie man Samen möglichst dünn ansäen kann, siehe Foto Seite 20.

3. Bedecken. Dunkelkeimer müssen mit Erde bedeckt sein, um zur Keimung zu kommen (siehe Beschreibung auf der Samentüte). Substrat in ein Sieb geben und gleichmäßig verteilen. Die Erdschicht sollte etwa so hoch sein, wie der Samen dick ist.

4. Angießen. Bei kleinen Samen stets eine Gießkanne mit einem möglichst feinen Sprühaufsatz verwenden. Füllen Sie die Gießkanne vollständig, damit sie nicht tropft. Mit dem Gießen neben der Schale beginnen und die Gießkanne in großzügigen Bahnen über die Sämlinge hinwegziehen.

5. Auf der Fensterbank aufstellen. Dann an einen warmen, hellen, zugfreien Platz ohne direkte Sonne stellen. Halten Sie die Keimtemperatur ein, die auf der Samentüte angegeben ist.

6. Ab und zu lüften. Den Kasten geschlossen halten, bis Keimlinge zu sehen sind. Prüfen Sie nur zwischendurch, ob das Substrat noch ausreichend feucht ist, wenn nicht, befeuchten. Wenn die Keimlinge zu wachsen beginnen, ab und zu lüften.

Blumen im und am Haus

Blumen **im** Haus sind bei mir nur in ein paar Zeilen erwähnenswert: Einerseits sind da die Lichtverhältnisse schlecht. Das Bauamt erlaubte mir nur relativ kleine Fenster, das hat zur Folge, dass wir nur zwei arme, mickrige Pflanzen am Wohnzimmerfenster und im Winter eine noch ärmere Avocadostaude am einzigen Schlafzimmerfenster, das einigermaßen hell ist, haben. Dazu kommt die Tatsache, dass ich im November und Dezember bis an Weihnachten durchgehend auf meiner Signierreise bin. Je nachdem, wer dann mein Haus hütet, leiden die Pflanzen, die ich – je nachdem – dann noch knapp vor dem Verdursten oder Ertrinken rette, wenn ich wieder heimkomme.

BLUMEN FÜR DRAUSSEN

Für die **Geranien** und die **Fuchsien** habe ich außerhalb meines Hauses einen Aufbewahrungsraum, wo sie zweimal wöchentlich angefeuchtet werden. Der **Weihrauch**, der eigentlich auch mehrjährig ist, hat den Winter nur einmal überlebt, als eine große Blumenfreundin ihn hier pflegte.
Und damit habe ich nun schon die mehrjährigen Blumen, die ich in den Balkonkästen halte, aufgezählt.
Dazu kommen die Einjährigen: Petunien, *Calceolaria*, *Impatiens*, und zwar diejenigen, die den Schatten lieben, und Neuseeländer-*Impatiens*.
Wir ziehen für eine Blumenschale im Schatten Begonien.
Ach ja, jetzt fällt mir noch eine weitere überwinterte Blume ein. Ich habe sie vergessen aufzuzählen, weil ich sie im Herbst in einen dunklen Schopf stelle, dessen Innentemperatur nie unter 0 °C sinkt. Zwei große Kisten voll sind es mit Schmucklilien.
Vor unendlich vielen Jahren erhielt ich ein paar Rhizome davon. Sie vermehrten sich und vermehrten sich. Ich war manchmal sogar so liederlich, dass ich sie im Frühjahr vergaß umzutopfen, und trotzdem haben wir jeweils im August am Rand des Schwimmbades eine Pracht von blauen Blüten. Im Herbst stellen wir die Kisten in den Schopf, im April nehmen wir sie wieder hervor, pflanzen sie um, gießen sie regelmäßig und – das war's!

Ich könnte mit Geranienblüten Wolle färben. Könnte...

Meine Freundin, die Clematis, ist eine wunderschöne Kletterpflanze.

Blumen im und am Haus

Wer gerne Rhizome von mir hätte: Bitte, ich gebe gerne davon ab. Ich habe sogar schon ins Freiland gepflanzt. Diese Pflanzen haben allerdings den Winter nicht überstanden.
Ja, und dann nähert sich also der Tag der Eisheiligen, und dann, ja dann geht die Blumenkistenorgie los: Ich zähle die Geranien, die den Winter überlebt haben, mache eine Liste, welche Blumenkisten wir wo hinstellen wollen und wie wir sie bepflanzen, auch welche Blumen wir noch für die Rabatten ums Haus herum benötigen. Besser ist es, die Bestellung beim Gärtner telefonisch aufzugeben und jemand anderen zu schicken, die Pflanzen abzuholen. Sonst sehe ich noch dieses und jenes und – aber darüber habe ich schon einmal gejammert.

Wen ich noch zu wenig erwähnte, sind meine verschiedenen **Clematis-Arten**. Auch sie dienen dazu, meine Mauern zu schmücken.
Da ist zum Beispiel die **Nelly Moser** (eine Clematissorte). (Ich spreche von ihr, wie wenn es eine Person wäre.) Sie wuchs schon an meinem Haus, bevor ich es vergrößern konnte, und blühte auch, als die Bauarbeiter ringsum Gräben zogen.

Einer der Arbeiter stand bewundernd vor dem blühenden Strauch: „Nein", sagte er, „nein, das darf doch nicht wahr sein! Sogar Orchideen gibt es bei dir." Ich brauchte viel Überzeugungskraft, um ihm beizubringen, dass das keine Orchidee ist. Und da gibt es noch den **Mr. President**, eine schöne, blaue Varietät. Natürlich habe ich den Rat befolgt, und bei allen Clematisarten am Fuß eine Schattenstaude gepflanzt. Diese habe ich nein – nicht beim Gärtner geholt, sondern ganz einfach im Wald, der sich rings um mein Haus ausbreitet: **Wurmfarn**.

KATHRINS TIPP

Abwechslungsweise hängende und aufrecht stehende Pflanzen zusammenstellen. So lässt sich eine größere Blumenfülle erzeugen. Mir gefällt ein asymmetrischer Blumenschmuck am Haus besser als Blumen, die wie Soldaten in ihren Kisten stehen und überdies in den Blütenfarben nicht variieren. "Rote, stehende Geranien und fertig" zeugen in meinen Augen von Phantasielosigkeit der Gärtnerin.

Kübel und Kästen: Hätte ich keinen Garten, so würde ich nicht nur Blumen darin ziehen…

Mein Frühlingsthema: Das Bärlauchgeschichtlein

Bärlauch kenne ich seit meiner Jugend. Verwandte meiner Großmutter brachten sie uns, denn in Arosa gedeiht diese Pflanze natürlich nicht. Sie brachten sie sackweise und wir schmausten mit viel Vergnügen, was man damals damit zu machen wusste: Salat und Spinat. „Bärlauch kann man nicht konservieren", belehrte mich meine Großmutter (und da hatte die Großmutter nicht recht). Aber auch hier im Tal fand ich nirgends Bärlauch, was zur Folge hatte, dass ich einerseits von einem lieben Freund Bärlauch-Zwiebelchen erbettelte, die ich im Garten setzte und jetzt die Pflänzchen hätschle wie die kostbarsten Blumen. Und für Bärlauch-Pesto und Bärlauch-Essig brachten mir andere Freunde Bärlauch aus Deutschland und aus Italien. Ich weiß nicht, wie viele Zentner Bärlauch auf diese Weise ins Verzascatal importiert wurden... Bis ich eines Tages Odivios Frau eine Freude machen wollte und ihr ein Glas Bärlauch-Pesto brachte.

„Oh, erba orsina (= die italienische Bezeichnung für Bärlauch) – hast du also den Ort entdeckt, wo sie bei uns wächst." „Nein, der hier ist von Freunden importiert aus Deutschland." „Die Mühe kannst du dir ersparen. Ich verrate dir nun ein Plätzchen, wo du ihn zentnerweise pflücken kannst. Aber du darfst das niemandem weitersagen und musst mir dafür noch ein Gläschen Pesto bringen." Und so kam es, dass wir auch in Bezug auf Bärlauch zu Selbstversorgern geworden sind.

Das verdanke ich Amelia – und das deshalb, weil ich ihr ein Gläslein Bärlauch-Pesto schenken wollte. Einmal mehr: Eine Geste – ein Gespräch „über den Gartenzaun" oder „von Nachbarin zu Nachbarin" – wie viel bringt das doch!

Und gleich sei noch ein Wort meiner anderen Nachbarin, von Emilia, hier angefügt: „Da wo man miteinander redet, ist die Welt noch in Ordnung." **Ein wichtiger Hinweis**: Bärlauch kann man leicht verwechseln mit den Blättern des Aronstabes, der Maiglöckchen und sogar mit Herbstzeitlosen-Blättern. Wenn man Bärlauchblätter pflückt (und nicht abmäht) ist die Verwechslungsgefahr geringer. Der Knoblauchgeruch verrät den „echten" Bärlauch.

Bärlauch: Schade, dass es noch keine Geruchs-Fotos gibt!

Mein Frühlingsthema: Das Bärlauchgeschichtlein

Vorsicht! Auch wenn er hier scheint, man könne die Bärlauch-Wiese mit der Sense abmähen – es könnten auch Maiglöckchen-Blätter dabei sein!

Frühlingsrezepte

HUFLATTICHSUPPE MIT MARSALA

* 1 EL Mehl
* 1 EL Butter
* 600 ml Gemüsebrühe
* 1 Hand voll Huflattichblüten (wie man sie putzt siehe Tessiner Löwenzahnsalat rechts)
* 3 EL Grieß
* 2 – 3 EL Marsala
* Salz, Pfeffer
* 150 ml Rahm
* 1 Eigelb, verklopft
* einige Huflattichblüten zum Garnieren

Huflattichsuppe mit Marsala

Mehl und Butter gut miteinander vermengen und kaltstellen. Die Brühe mit den Blüten aufkochen, einige Minuten köcheln. Zugedeckt ¼ Stunde ziehen lassen. Die Brühe abseihen, Grieß und die Mehlbutter dazurühren. ½ Stunde kochen. Marsala, Rahm und Eigelb miteinander vermengen, in die Suppe geben (nicht mehr kochen!).

SCHWEIZER RHABARBER WÄHE

Teig:
* 300 g Mehl Typ 1050
* 150 g Butter, kalt, in Flöckchen zerteilt
* 1 TL Salz
* 3 – 4 EL Wasser

Füllung:
* 4 EL Paniermehl
* 1 kg Rhabarber, eventuell geschält, in 1 cm breite Stücke geschnitten
* 2 – 3 EL Zucker

Guss:
* 2 – 3 Eier
* 200 ml Milch
* 100 ml Rahm
* 50 g Rahmquark
* 2 EL Zucker
* 1 EL Mehl

Teig: Das Mehl auf eine Arbeitsfläche sieben, Butter und Salz darüber streuen. Mit den Händen alles zu Krümeln zerreiben, nach und nach das Wasser beigeben. Mit dem Teigschaber zu einem kompakten, glatten Teig zusammendrücken (nicht kneten!). Zugedeckt ½ Stunde kalt stellen, für eine Springform von 26 cm Durchmesser ausrollen, am Rand 3 cm hochziehen, mit einer Gabel mehrmals einstechen, das Paniermehl darüber streuen. Füllung: Die Rhabarberstücke darüber geben, zuckern, ¼ Stunde im auf 180 °C vorgeheizten Ofen backen. Guss: Die Zutaten miteinander vermengen, darüber geben, nochmals ¼ Stunde backen.

Frühlingsrezepte

SCHWEIZER SPINAT-WÄHE

Teig: siehe Rezept Schweizer Rhabarber-Wähe links
Spinat-Füllung:
* 800 g Spinatblätter blanchiert
* 2 EL Basilikum, gehackt
* 2 EL Butter
* 1 Zwiebel, gehackt
* ¼ l Milch
* Salz, Pfeffer, Muskat

Guss:
* 2 – 3 Eier
* ¼ l Rahm
* 100 g Parmesankäse

Teig für eine 26 cm Springform ausrollen, einstechen, mit Paniermehl bestreuen.
Füllung: Die Zwiebel in der Butter dämpfen, Spinat, Basilikum und Milch beigeben, dämpfen, würzen, auf den Teig geben. Zutaten für den Guss vermengen, darauf geben, alles bei Unterhitze ½ Stunde im auf 180 °C vorgeheizten Ofen ½ Stunde backen.

TESSINER LÖWENZAHNSALAT

* 4 Handvoll Löwenzahnrosetten (falls man sie selbst pflückt, nicht von frisch gedüngten Wiesen nehmen). Dem letzten Waschwasser etwas Essig beigeben, ¼ Stunde darin liegen lassen)

Sauce:
* 3 EL Butter
* 2 EL Rotweinessig
* Pfeffer, Salz
* 1 Handvoll Gänseblümchen ohne Stiele, separat und wie oben angegeben gewaschen.

Die abgetropften Löwenzahnrosetten in eine Salatschüssel geben. Die Butter heiß, aber nicht braun werden lassen, Essig dazugeben, würzen.
Diese Sauce heiß über die Blätter verteilen. ¼ Stunde stehen lassen. Vor dem Servieren die Gänseblümchen darüber streuen.

RÜHREI MIT BRENNNESSELN

Auch hier: Wildkräuter nur an ungedüngten Plätzen sammeln. Nicht am Wegrand (Hundepipi!), ¼ Stunde in Essigwasser liegen lassen.
* 2 EL Butter
* 400 g Brennnesselspitzen
* 6 Eier
* 6 EL Wasser oder Milch
* ½ TL Salz
* Pfeffer
* Muskat

Die Butter schmelzen, die Brennnesseln 10 Minuten darin dämpfen.
Die übrigen Zutaten gut miteinander verrühren, über die Brennnesseln geben, alles stocken lassen, dann mit der Bratschaufel zu Stückchen zerstoßen.
Mit einem frischen Tomatensalat servieren.

Tessiner Löwenzahnsalat

BRENNNESSEL-AUFLAUF

* 6 altbackene Brötchen, fein geschnitten
* 300 ml Milch, kochend
* 2 EL Butter
* 600 g Brennnesselspitzen
* 1 Zwiebel, gehackt
* 1 – 2 Bunde Schnittlauch, fein gehackt
* Salz, Pfeffer
* 200 g Parmesankäse
* 100 g Haselnüsse gerieben

Die Brotstücke mit der Milch übergießen, stehen lassen. Die Butter zergehen lassen, die Brennnessel, Zwiebel und Schnittlauch darin andämpfen, Käse und Nüsse und zuletzt die eingeweichten, durchgekneteten Brötchen. Alles in eine ausgebutterte Auflaufform füllen, im auf 180° C vorgeheizten Ofen ¾ Stunde backen.

BÄRLAUCH PESTO

Bärlauch pflücken, bevor er blüht, die Blätter ¼ Stunde in Essigwasser legen, trocken schwingen, in einen Mixer pressen, soviel Olivenöl dazu gießen, dass das Mixmesser greift.
Möglichst fein mixen. In Schraubdeckel-Gläser füllen. Oben 1 ½ cm frei lassen. Über Nacht stehen lassen. Am Morgen sorgfältig eine 1 cm dicke Lage Olivenöl darauf geben. Die Gläser anschreiben. An einem kühlen, trockenen Ort (nicht im Kühlschrank) aufbewahren.
½ Jahr haltbar.
Den Inhalt angebrauchter Gläser mit einer neuen Schicht Olivenöl bedecken.

BÄRLAUCH-SPAGHETTI

(für 4 Personen)
* 4 l Wasser
* 1 EL Salz
* 2 EL Olivenöl
* 400 g Hartweizen-Spaghetti
* 4 TL Bärlauch-Pesto
* 4 EL Olivenöl
* 4 EL Parmesan-Käse gerieben
* Salz, Pfeffer
* 1 Hand voll Pinienkerne

Wasser, Salz und Olivenöl aufkochen, die Spaghetti darin al dente kochen. Die übrigen Zutaten miteinander vermengen. Die Spaghetti abseihen, 4 EL Spaghettiwasser zurückbehalten. Dieses mit dem Pesto vermengen. Die Spaghetti auf vorgewärmten Suppentellern anrichten, in der Mitte eine Vertiefung machen. Den Pesto darin verteilen.

BÄRLAUCH-SCHNITZEL

* 4 dünne Kalbs- oder Putenschnitzel
* Salz, Pfeffer
* 2 Mozzarella-Käslein, halbiert
* 4 TL Bärlauch-Pesto
* 2 EL Mehl
* 1 Ei, verklopft
* 4 EL Paniermehl
* 2 EL Bratbutter

Das Fleisch würzen, auf die eine Hälfte jedes Schnitzels ½ Mozzarella-Käse legen, den Pesto darauf streichen, dann Schnitzel zuklappen, mit einem Zahnstocher zusammenstecken, zuerst im Mehl, dann im Ei und dann im Paniermehl wälzen. In der heißen Bratbutter beidseitig knusprig braun braten.

SPARGELGEMÜSE MIT ZITRONEN-SAUCE

* 1 kg Spargel 2. Wahl

Sud:
* 1½ l Wasser
* 2 EL Butter
* 1 Prise Zucker
* Salz

Sauce:
* 6 Eigelb
* Schale und Saft einer Zitrone
* 150 ml herber Weißwein
* 4 EL Spargelsud
* Salz, wenig Pfeffer
* 2 EL feingehackter Kerbel (Ersatz: 1 EL fein gehackte Petersilie)

Frühlingsrezepte

Die Spargeln schälen, in 3 cm lange Stücke schneiden.
Im Sud garen (zirka zwanzig Minuten).
Abseihen (diesen Sud kann man ebenfalls für eine Suppe verwenden).
Währenddessen die Sauce zubereiten. Alle Zutaten außer den Kräutern in einen Kochtopf geben. Bei mittlerer Hitze aufkochen, dabei mit dem Schneebesen tüchtig schwingen. Ca. 7 Minuten köcheln lassen. Ununterbrochen rühren!
Die Spargeln in einer vorgewärmten Schüssel anrichten, die Sauce darüber gießen. Zuletzt mit dem Kerbel oder der Petersilie bestreuen.

Dazu schmecken:
HONIG-KARTÖFFELCHEN
* 800 g neue Kartoffeln
* 3 EL Honig
* 3 EL Butter
* 2 EL Wasser
* viel Muskatnuss
* Salz, Pfeffer

Die Kartoffeln in der Schale weich kochen, schälen. Honig, Butter und Wasser aufkochen, würzen, die Kartoffeln einige Minuten darin schwenken.

Spargelgemüse mit Zitronensauce

SOMMER

Der Sommer kommt mir oft vor wie ein Überraschungsbesuch, der dann aber erfreulicherweise lange bei uns bleibt! Der Besuch bringt einen Blumenstrauß mit sich: Die ersten Rankrosen, die mich von der Pergola unter meinem Schlafzimmerfenster meist pünktlich zum Sommeranfang begrüßen, wenn ich – was ich jeden Tag mache – sofort nach dem Aufstehen hinausschaue. Es mag ja sein, dass mich die Knochen manchmal schmerzen. Es mag ja sein, dass viele Probleme, die in meinem Kopf herumgehen, mich nicht so gut schlafen ließen. Aber ein Blick aus meinem Fenster hat mir schon oft den Schwung für den Tag gegeben. Und erst, wenn ich dann die Rosenblüten entdecke!
Herzlich willkommen, lieber Sommer.
Den Sommerschwung lass' ich mir nicht nehmen, auch wenn er unendlich viel Arbeit mit sich bringt.

Besinnliches zur Sommerzeit

Sommer: Büromenschen mögen sich auf den Urlaub freuen. Urlaub am Strand, auf dem Liegestuhl, beim Bergsteigen. Und ich: Ich möchte am liebsten auch noch im Garten übernachten. Dann könnte ich in den Himmel schauen, die Sterne zählen, den Duft der Erde, der Blumen riechen, den Atem der Natur spüren…

…mit dem Risiko, dass ich mitten in der Nacht durch ein Gewitter überrascht werde und klatschnass ins Haus flüchten muss. Also übernachte ich eben doch vorsichtshalber im Schlafzimmer und träume bloß vom Schlaf im Garten.

VON DER ERDE GEFANGEN??

Ja, so ein Fleckchen Erde kann mich gefangen nehmen. Gefangen, weil es einerseits meine Arbeitskraft beansprucht, andererseits aber auch meine Gedanken – und die sind oft eben das, was sie für dieses Kapitel sein sollten: Besinnlich.

Wenn ich meinen Garten bebaue, reihe ich mich ein in viele Hunderte von Generationen von Frauen und Männern, die das vor mir taten. Ich weiß, da hat es viele dabei, denen war das Bebauen des Gartens ein Zwang. Sei es, dass sie den Ertrag irgendeinem Herrscher als Zehnten abliefern mussten, sei es, dass der Garten ihre beinahe einzige Nahrungsquelle war, sei es, dass die Arbeit ihnen körperliche Beschwerden verursachte, sei es dass sie sie einfach ungern taten.

Es mag sein, dass ich es einseitig sehe: Aber Leute, denen der Garten und auch die damit verbundene Arbeit nichts sagt, die tun mir in der Seele Leid. Sie kommen mir vor wie Blinde, die in der schönsten Landschaft leben, die sie aber nicht sehen können, wie Taube, die im Konzertsaal sitzen und weder Mozart noch Beethoven hören können… Ach, ich hätte noch haufenweise solche Vergleiche. Aber an wie viel Freude und wie herrlichen Glücksgefühlen können die Armen nicht teilnehmen…

Es gibt Freunde, die necken mich damit, dass ich sehr genau rechne. Die sagen jetzt: „Hörst du **das** wieder", wenn ich feststelle, dass all

Die ist meine Orsa. „Orsa" heißt „Bärin" auf Italienisch.

Darf ich vorstellen: „Sir Henry" – mein sehr, sehr vornehmer Kater.

Besinnliches zur Sommerzeit

die Freude, die mir der Garten gibt, gratis ist. Gratis, wenn ich die Schweißtropfen nicht rechne. Aber die Schweißtropfen rechne ich als Bezahlung für jene Freude, die ich empfinde, wenn ich am Abend meinen Garten ansehe. Mit den schön gejäteten Beeten, den ordentlich aufgebundenen Beerenstauden und Blumen, den Körben voller Gemüse und Beeren, dem Duft, der in der Luft liegt. Gartenarbeit hat den großen Vorteil, dass man das Resultat einerseits am Ende der getanen Arbeit sieht und dann nochmals, wenn man ernten kann.

... und die Seele baumelt, wenn ich im Wachsen und Gedeihen meines Gartens nicht nur den Ernteertrag sehe, sondern auch die Schöpfung, die hinter allem steht. Und nicht nur hinter meinem Garten, hinter meiner ganzen Umgebung inklusive der Berge, in denen ich wohne, den Menschen, die um mich herum sind, dem Fluss, dessen Rauschen ich höre..

... und manchmal zittert diese Seele: Dann nämlich, wenn nach einem Gewitter der Regen nicht aufhören will, wenn der Fluss innert weniger Stunden zu einem reißenden Ungeheuer wird. Ich bin nicht übervorsichtig, wenn ich in solchen Fällen Sicherheitsmaßnahmen ergreife: Gitter, die oben und unten die Geflügelställe verschließen, öffnen, damit das Wasser durchfließen kann. Die untere Seilbahn ein Stück weit hochziehen, weil der reißende Bach sich schon in sie ergossen und dann das ganze Zugseil weggerissen hat – und beten, dass das Wasser nicht meine frisch gepflanzten Setzlinge wegreißt, den Samen wegschwemmt oder dass gar ein Hagel die ganze Sommer-Garten-Pracht zerschmettert.

Das habe ich alles schon erlebt – und überlebt. Und gerade was den Hagel anbelangt: So traurig wie beim ersten Hagelschlag bin ich nicht mehr, weiß ich doch, dass anfänglich entsetzlich aussehender Schaden in zwei, drei Wochen nicht mehr so tragisch sein wird. Geknickte Sonnenblumen werden noch in Vasen eingestellt. Verletztes Blattgemüse wird entfernt und sofort gegessen. Allerdings: Die Beeren, die zerquetscht am Boden liegen, sind verloren. Vielleicht mag sie eine Maus oder ein Vogel fressen. Auch denen gönne ich Gartenfreuden...

Das Gerät, das ich beinahe überall mit herumschleppe, heißt bezeichnenderweise nicht Laptop, sondern Schlepptop...

Sommer-Sonnenwende

Nein, ein Sonnenwendfest gibt es bei uns nicht. Für mich persönlich ist der 21. Juni eher so etwas wie ein kleiner Trauertag. **"Von nun an geht die Sonne wieder bergab."**

Wie jeden Tag schaue ich nach dem Aufstehen aus meinem Fenster. Täusche ich mich, oder ist dies der Tag, an dem der Vogelgesang endgültig verstummt ist?

Diese Frage gibt meinem Trauergefühl noch neue Nahrung. Aber dann mache ich das, was meine Mutter mich gelehrt hat und das ziemlich burschikos tönt, aber äußerst wirksam ist:

ICH GEBE MIR SELBST EINEN TRITT IN DEN HINTERN!

Schon allein die Vorstellung, wie ich das bewerkstelligen soll, bringt mich zum Lachen. Und sobald ich lachen muss, ist die Welt schon wieder bunter. Und dann taucht noch eine zweite Weißheit meiner Mutter auf: Nie über ein halbleeres Glas weinen. Aber sich über ein halbvolles Glas freuen. Heute soll es also nicht das halbvolle Glas sein, über das ich mich freue, sondern das halbvolle Jahr.

Und dann gibt es noch einen weiteren Trost: Bis Mitte August fällt es mir kaum auf, dass die Tage kürzer werden.

In meinem Haus gilt eine praktische Arbeitsbeginn-Regel: Man muss nie aufstehen, bevor es dämmert. Und im Sommer, wo es natürlich sehr früh dämmert, ist Arbeitsbeginn nie vor sechs Uhr (was beinahe sämtliche jungen Mitarbeiterinnen als viel zu früh betrachten).

Von Mitte August an verschiebt sich also dieser Arbeitsbeginn vierzehntäglich um eine Viertelstunde nach hinten. Der Übergang von der Sommer- zur Winterzeit geht so unbemerkt und im Frühling im umgekehrten Fall auch.

Gartenarbeit zur Sommer-Sonnenwendezeit am Morgen früh!

Sommer-Sonnenwende

Gibt es etwas Schöneres. Die ganze Welt, der Fluss, die Berge, nicht nur der Garten, gehört mir. Aber nein, doch nicht ganz: Ich teile sie zu dieser frühen Stunde mit meinem Nachbarn Olimpio. Er sitzt vor dem Stall unterhalb meines Gartens und dengelt bereits seine Sense. Und Odivio mäht am Hang gegenüber das erste Gras. Hier beginnt nämlich die Heuernte exakt am 21. Juni und keinen Tag vorher.

Die Heuernte gehört bei mir zu den Freuden des halbvollen Glases. Einerseits bin ich froh, dass wir diese Arbeit nicht mehr tun müssen, denn sie war so mühsam, dass ich sie heute nicht mehr verkraften könnte, anderseits fehlt mir die Befriedigung, die ein voller Heustock bietet: Der wunderbare Duft des frischen Heus. Und dann das Wissen: Der Winter kann kommen. Das Futter für die Tiere ist vorhanden.

> *Siebenschläfer (27. Juni):*
> *Wie das Wetter am Siebenschläfertag, so wird es im Juli sein.*
> *Jakob (25. Juli): Jakobi klar und rein, wird das Christfest frostig sein.*
> *Petrus (1. August): Ist's von Petrus bis Laurentius (10. August) heiß, bleibt der Winter lange weiß.*
> *Maria Geburt (8. September): Wenn's zu Maria Geburt nicht regnet, bleibt des Gärtners Tisch gesegnet.*

So bleibt mir aber immer noch die Gewissheit, dass das „Futter" für meine Hausgenossen, nämlich Gemüse und Beeren vorhanden sein wird.

Aber zum Nachdenken bleibt eigentlich nur die Zeit, bis der Garten gegossen ist. Dann kommt das Frühstück und dann folgt die erste Ernte: Erdbeeren. Und die werden dann sofort eingekocht, zum Teil mit den letzten, gestern geernteten Rhabarbern (von heute an soll man die Pflanzen in Ruhe lassen, damit die Wurzeln für das nächste Jahr erstarken). Dann muss ich die Himbeeren kontrollieren, eventuell die Ruten nochmals aufbinden, Salat für das Mittagessen ernten, Rucola für Rucola-Pesto ernten. Und Stielmangold hätte es auch wieder …

Abends um sechs Uhr ist bei uns meist Feierabend. Und da gibt es sehr oft – nicht nur zur Sonnenwende – eine Art Fest, indem wir unterm Nussbaum sitzen, essen, reden, lachen, den schwirrenden Leuchtkäfern zuschauen und – ja – die Sonnenwende doch noch feiern. Aber nicht nur genau am 21. Juni, sondern während der ganzen schönen Sommerzeit.

Dafür ist dann der 24. Juni, also drei Tage später, bei uns ein „kantonaler" Feiertag. Das heißt, im Kanton Tessin wird dann nicht gearbeitet. Tag des San Giovanni, St. Johannes. Das ist der Starttag für zwei wichtige Arbeiten. Erstens: Johanniskraut sammeln für Johannisöl. Zweitens: Beginn der Sammelzeit der grünen Walnüsse, die vom Nussbaum im Hof fallen.

Grüne Walnüsse und Holunderblüten

Dass man grüne Walnüsse zu einem ganz feinen Likör verwenden kann, habe ich erst hier im Tessin gelernt. Ich bekam (und bekomme immer noch) bei jeder Familie, bei der ich einen Neujahrsbesuch mache, ein Gläschen „Ratafià" – ein süss-bitterer Likör aus grünen Walnüssen kredenzt. Dabei erfuhr ich natürlich auch das Rezept. Es sei wichtig, die Nüsse am 24. Juni, also am Johannistag, zu sammeln. Ich habe aber gelernt, dass sie sich so lange verwenden lassen, wie ihre innere Schale (diejenige, die nachher verholzt) noch weich ist.

Man nehme: 1 helle, durchsichtige 1-Liter-Glasflasche, fülle in diese 30 kleine (haselnussgroße) oder 20 größere (kirschgroße) grüne Walnüsse, natürlich sauber gewaschen, 8 Gewürznelken, 1 Zimtstange, in Streifen abgeschälte Schale einer Zitrone und gieße die Flasche mit so viel ganz gutem Grappa auf, wie es in der Flasche jetzt noch Platz hat. Gut verschließen und während drei Wochen an die Sonne stellen. Falls die Sonne nicht immer scheint, Zeit um die Regentage verlängern. Täglich mindestens einmal schütteln.

400 g Zucker und 200 ml Wasser aufkochen. Klar kochen, wenn nötig abschäumen, abkühlen. Erst dann den Likör abseihen, sofort mit dem Zuckersirup vermengen, in ganz saubere dunkle Flaschen abfüllen. Sofort verschließen. Bis Weihnachten lagern. Wetten, dass Sie jetzt noch mehr Neujahrs-Besuche bekommen?

HOLUNDERBLÜTEN

„Hut herunter vorm Holunder". Das hat mich meine Großmutter gelehrt, als einer ihrer Verwandten ihr einen Korb voller Holunderblüten aus dem „Unterland" brachte. Ein Teil davon wurde getrocknet. Daraus wurde dann Tee gekocht, wenn ich Fieber hatte. Und der Rest wurde einerseits zu Sirup, andererseits zu Gelee verarbeitet. Ein drittes Rezept gab es noch, wie man aus Holunderblüten Sekt macht – aber das ist verloren gegangen. Ich habe es mit einem ähnlichen Rezept versucht. Mit dem Resultat, dass die Flaschen im Keller explodierten und alle Einmachgläser verschmierten. Holunderblütensirup mit Sekt schmeckt auch gut!

So sieht unser Tessiner Nusslikör aus.
Auch er hat einen Namen: „Ratafià".

HOLUNDERBLÜTEN-SIRUP UND -GELEE

Der Anfang ist für beide Rezepte gleich: Sieben Holunderblütendolden in leicht gesalzenes Wasser legen, in sauberem Wasser spülen, in eine Schüssel geben. 1 ½ l kaltes Wasser dazuschütten, zwei Tage lang an einem warmen Ort stehen lassen, abseihen.
Sirup: 1 ½ l Holunderblütensaft, 2 kg Zucker und 30 g Zitronensäure aufkochen, eventuell abschäumen. Sofort in ganz saubere, heiß ausgespülte Flaschen mit Bügelverschluss füllen. Für ein durststillendes Getränk füllt man ca. ¼ des Glases mit Sirup, den Rest mit kaltem oder heißem Wasser auf. Kenner verwenden Holunderblütensirup als Aperitif mit Sekt verdünnt oder mit einem Schuss Gin. Prosit!
Gelee: Auf 1 l abgeseihten Holunderblütensaft, 800 g Zucker, 1 TL Zitronensäure und 1 Teelöffel Geliermittel nehmen. Alles kalt miteinander vermengen, zur Gelierprobe kochen, noch heiß in heiß ausgespülte Schraubdeckelgläser füllen. Sofort verschließen. Schmatz!

Meine Sommergeschichte

Ich habe meine Frühlingsgefühle für den Garten verglichen mit den Erfahrungen eines Reiters, dessen Pferd weiß, dass es jetzt dann losgaloppieren darf.
Zum Vergleich mit dem, was ich im Sommer fühle, habe ich wiederum ein Beispiel, das mit Pferden zu tun hat: Nun sitze ich nämlich als Kutscher hinter einem Vierergespann feuriger Pferde und versuche verzweifelt, diese am Durchbrennen zu hindern!
Himbeeren, Brombeeren, Johannisbeeren, letzte Erdbeeren ernten, einmachen, Salat ernten, Erbsen, Zuckererbsen, Bohnen ernten, Blumen aufbinden, jäten, gießen ... Da helfen nur meine bewährten Listen der Prioritäten. Während der ersten Jahre, wo ich noch allein war, bewältigte ich all diese Arbeiten gut. Aber dann kam noch der zweite Garten dazu. Und wie ich zu diesem Garten kam, ist eigentlich eine Sommergeschichte.

MEIN GARTEN VON LORENTINO

Von den besten aller Kartoffeln, den „patate di Lorentino" habe ich schon erzählt. Und wie ich zum „orto di Lorentino" – dem Garten von Lorentino kam, das sei nun hier verraten:
Im Dorf lebte damals ein altes Ehepaar, der „Zio Alfonso" – Onkel Alfons und seine Frau Maria. Sie hielten immer noch Schafe, für die sie logischerweise Heu machen mussten. Ich traf ihn an einem schönen Sommermorgen bei der Post. Er jammerte:
„Ich weiß mir kaum noch zu helfen mit meinem Heu."

Meine Garten von Lorentino: Ich entschuldige mich für die hässlichen blauen Tonnen. Aber ich kann doch meine Pflanzen nicht mit unserem eiskalten Quellwasser gießen.

Meine Sommergeschichte

Lorentino: Dieser Flurname ist doch wie ein kleines Lied. Lieder wecken Erinnerungen wach – bei mir von Zio Alfonso und seiner Maria. In dieser Erde können wir die schönsten Kartoffeln ziehen.

ICH HABE DEN ZARTEN WINK VERSTANDEN

„Klar, ich komm und helf dir. Wann brauchst du mich?" „Am liebsten gerade jetzt. Ich habe die schöne Wiese hinter der Kirche gemäht. Aber meine Maria ist heute nicht sehr gut zu Fuß. Und man müsste das Gras doch dringend ausbreiten."

Das tat ich denn pflichtschuldigst. Ich heue gern, habe ich doch als Kind alle diese Arbeiten gelernt. Nach dem Mittagessen ging ich, um das ausgebreitete Heu zu wenden. Und am Abend ging ich, um es anzuhäufen, denn bei uns trocknet Heu nie an einem Tag. Das heißt: Am nächsten Tag – sobald der Tau abgetrocknet ist, Heu wieder ausbreiten, am Mittag wieder wenden, am Abend dann einbringen. Der Stall stand gleich bei der Wiese. Gott sei Dank. Wie hätten wir es sonst transportieren können, denn die Wiese liegt natürlich an einem Ort, wo es weit und breit keine Autostraße hat.

Die Dankbarkeit der beiden Leutchen war groß. Und ich half ihnen auch im nächsten Jahr. Im darauffolgenden Winter starben beide kurz hintereinander. Sie hinterließen keine Erben. Doch, eine Erbin: mich! Sie hatten mir ein Stück Wiese unterhalb meines Hauses – eben auf dem „Piano di Lorentino" vermacht. Und aus diesem Stück wurde mein zweiter Garten.

Im Schweizerdeutschen nennt man einen solchen im Quadrat oder Rechteck eingezäunten Garten einen „Pflanzblätz" – das kann ich am besten mit „Pflanzplatz" – aber auch mit „Pflanzlappen" übersetzen: Mitten in ausnahmsweise ebenen Heuwiesen (beinahe die einzigen ebenen Wiesen unseres Dorfes) gehörte nun ein rechteckiges Stück Land, etwa 12 Meter breit und 30 Meter lang, mir. Angrenzend an meinen neuen Besitz war ein einziges kleines Kartoffeläckerchen, der Rest waren nur Wiesen. Und die Besitzer des Kartoffeläckerchens waren die ersten, die mir vorschwärmten, wie gut die „patate di Lorentino" seien – und dass hier nicht nur die besten Kartoffeln gedeihen, dass hier auch die allerallerschönste Gartenerde sei.

Neugierig begann ich, nachdem ich wieder einmal zum Roden in die Hände gespuckt hatte, die Gras-Soden umzudrehen. Und mir kam es vor, als ob ich darunter Gold fände. Erde, feinkrümelige Erde, ohne einen einzigen Stein – nein, ohne ein einziges Steinchen! Diese Erde muss wohl Jahrhunderte lang bebaut worden sein (eben: die Kartoffeln). Ein Zaun, ein hoher Zaun musste um den Garten gemacht werden (die Ziegen können aus dem Stand mehr als meterhoch springen), ein Wasserschlauch von meinem Hühnerhof bis zum Garten gezogen werden und dann kannte meine Gärtnerwonne überhaupt keine Grenzen mehr. Sie ist auch heute noch da. Und immer wieder denke ich daran, dass ich sie der Tatsache verdanke, den beiden alten Leutchen im Sommer beim Heu machen geholfen zu haben ...

Leben und Wohnen im Garten

Bei mir gibt es eine strikte Teilung: Der Garten ums Haus und am Haus (in den Blumenkisten) ist „für schön", d.h., hier gibt es einerseits Blumen und andererseits Tische und Bänke eben – zum Wohnen. Die Gemüse- und Beerengärten sind – sie sagen es schon, Nutzgärten mit Blumenverzierungen.

Hier erzähle ich nun also vom eigentlichen Wohnen im Garten (das lange nicht so schön und erholsam wäre, wären nicht die vielen Blumen da). Zum Wohnen gehören auch Möbel und Bodenbeläge, in einem Garten ohne Bäume auch Möglichkeiten zur Beschattung.

Ich brauche keine Sonnenschirme und keine Markisen. Es hat überall Bäume. Wie schön ist das doch eingerichtet: Im Spätherbst, Winter und Frühjahr, wenn man froh um jeden Sonnenstrahl ist, stehen die Bäume blattlos da – und wenn die Sonne dann heiß wird, räkeln wir uns im Schatten.

Räkeln tut man sich am liebsten im **Liegestuhl**. Und – das muss ich gestehen: Das ideale Modell habe ich noch nicht gefunden. Zusammenklappbar sollten solche Möbel sein, damit man sie gut verstauen kann. Aber andererseits so, dass auch ältere Leute ohne Probleme wieder vom Liegestuhl aufstehen können und auch nicht Gefahr laufen, im nicht richtig aufgestellten Möbel auf den Boden zu stürzen oder sich die Finger einzuklemmen. Offenbar ist das zuviel verlangt für heutige Liegestuhl-Kreateure.

Um so idealer sind unsere **Tische und Bänke**: Der Granit, der hier die ganze Natur dominiert, lässt sich leicht behauen. Nicht nur für Mauern und für Dächer – auch für Tische, Bänke und Bodenplatten. Zugegeben, schwer sind solche Möbel (die Tischplatte meines Esstisches im Hof wog allein 216 kg). Und gerade billig sind sie auch nicht. Dafür überdauern sie Generationen. Auf die Bänke („auf diese Bank von Stein will ich mich setzen...") legen wir prinzipiell, auch im heißesten Sommer, Schaffelle. Dafür hat sich noch nie jemand bei mir über Nieren-Erkältungen beklagen müssen.

PLATTEN & ZÄUNE

Die **Bodenplatten**, die den Hof und die Wege rings ums Haus bedecken, sind ebenfalls aus Granit, ausgefugt mit Zement. Mit Ausnah-

Sonnenblumen: Auch Blumen haben Gesichter.

Leben und Wohnen im Garten

Soll doch niemand behaupten, Mauerblümchen wären nur Mauerblümchen.

me des Hofes. Da habe ich die Fugen zwischen den Platten offen gelassen. Der Nussbaum steht inmitten des Plattenbodens – und er bekäme nicht genug Wasser, wenn das nicht durch die Plattenfugen dringen könnte. Anfänglich war es eine mühselige Arbeit, diese offenen Fugen sauber zu fegen. Seitdem ich etwas Erde dazwischen gab und Grassamen säte, hat dieses Elend ein Ende. Alle zehn Tage mit der Rasenschere die vorwitzigen Gräser abgeschnitten – und fertig.

Ja, und da wäre noch der **Zaun** rings um den Garten zu erwähnen. Der Hof liegt über einer schräg verlaufenden Mauer, die unten etwa drei Meter hoch ist, hinten aber ebenerdig. Der Zaun ist – ich sagte es schon – notwendig, um den ringsum weidenden Tieren den Eintritt zu verwehren. Wir haben es so gemacht wie alle unsere Nachbarn: In Abständen von drei, vier Metern ein senkrechter, aus einem Block gehauener Pfeiler aus Granit, oben mit einem Loch versehen. Durch diese Löcher Stangen aus Kastanienholz gesteckt (Kastanienholz sei das dauerhafteste Holz für solche Stangen, habe ich gelernt) und von den Stangen bis zum Boden Drahtgitter gespannt. Am Gitter wachsen Schling- und Kletterpflanzen, über das Gitter fallen Winterjasmin, Knöterich und Geißblatt – aber wehe, wenn eine Ziege ihren Kopf so hoch recken kann: Dann ist die Blumenpracht weg – gibt vielleicht einen extra guten Geschmack im nächsten Ziegenkäslein...

Susi mit Lämmchen Liseli am Essplatz im Hof. Auf den Bänken liegen auch im Sommer Schaffelle.

Das Schwimmbad im Garten

Irgendjemand behauptet, das sei „Verzasca total".

Oh, ich kann jeden verstehen, der im Sommer von einem Schwimmbad träumt! Auch ich gehörte einst zu diesen Träumern. Zu Beginn meiner Tessiner Zeit lebte ich hoch oben am Abhang über der Magadino-Ebene. Ich hatte eine ganze Häusergruppe kaufen können. Zu einem Spottpreis. Mit zwei großen Nachteilen: Es gab keine Zufahrtsstraße, keinen elektrischen Strom und – was viel, viel schlimmer war: Es gab kein Wasser! Ich hatte die verrückte Idee, diese Häuser in eigener Regie wieder bewohnbar und zu einem Feriendorf zu machen, lebte also dort oben. Es war – wie es halt im Tessiner Sommer und an einer derart sonnenbeschienenen Südhanglage ist – unmenschlich heiß. Und jeden Wassertropfen musste man von weit hertragen. Kein Wunder: Da träumte ich eben von einem Schwimmbad. (Wer diese Robinson-Geschichte nachlesen will: „Kleine Welt im Tessin", erschienen beim Müller Rüschlikon Verlag.)

Dieser Traum zerbrach, ich wollte ihn dann eben hier in Froda wahr machen: Hinter dem Haus war ein günstig gelegener Platz für ein Schwimmbädlein von 4 x 6 Metern.

Fehler Nr. 1 war, dass ich unbedingt eine Tiefe von 1,6 Metern wollte (damit ich kopfüber hineinspringen konnte).

Fehler Nr. 2 war, dass ich dem Rat des Schwimmbadbauers nicht folgte und gleich eine elektrisch betriebene Abdeckung (eine Art horizontal laufender Rollladen) dazu bestellte. Natürlich war das auch eine Kostenfrage.

Fehler Nr. 3 war, dass ich die viel kürzere Sonnenscheindauer und damit das wesentlich kühlere Klima hier nicht bedachte. Nur knapp zwei Monate lang steigt die Wassertemperatur auf über 20 °C...

Das Schwimmbad im Garten

Fehler Nr. 4 war, dass ich die vielen Bäume, die rings ums Schwimmbad standen (und stehen) und deren Blätter und Nadeln nicht in Betracht zog...

Fehler Nr. 5 war, dass ich mich nicht über den Arbeitsaufwand informierte, den die Reinigung eines Schwimmbads mit sich bringt.

Fehler Nr. 6 und eigentlich der größte Fehler war, dass ich nicht bedachte, dass Kinder oder Tiere, die unbeobachtet ins Schwimmbad fallen (es sei denn, es werde jedes Mal nach dem Gebrauch abgedeckt) ertrinken können.

Fehler Nr. 7: Auch wenn man bereit ist, alles selbst zu machen: Ein Schwimmbad braucht Unterhaltsarbeiten, muss rückgespült werden, die Leitungen müssen gelegentlich gesäubert werden, im Herbst muss man es sorgfältig entleeren...

Ich komme zum Schluss, dass der Wunsch nach einem Schwimmbad eigentlich der größte Fehler meines Lebens war! (Meine innere Stimme sagt jetzt:...also, wenn das dein größter Fehler war, dann sei doch froh...)

Wie viel mehr Vorteile hätte ich von einem Treibhaus gehabt!

Aber: Wenn dann Sommerbetrieb herrscht, freue ich mich trotzdem, diesen Spaß meinen Besuchern anbieten zu können. Nur eben...

Natürlich gibt es bei mir auch Rosen, keine T-Hybriden, aber Rankrosen. Sie passen so wunderschön zu den Steinmauern.

In meinem ersten Sommer im Tessin musste ich jeden Tropfen Wasser von weit her tragen. Ein Schwimmbad war damals wie eine Fata morgana.
Auch mein uralter Onkel Arthur freute sich dann an diesem Schwimmbad. Er war zwar nicht mehr gut zu Fuß, aber wenn er hörte, dass meine Mitbewohnerinnen im Bad planschten, dann eilte er ohne die geringsten Beschwerden zum Schwimmbad, um ihnen zuzuschauen...!!

Kinder im Garten

Vorsicht: Ich habe es bei verschiedenen befreundeten Familien festgestellt: Man kann einem Kind Garten und Gartenfreuden fürs Leben vergällen, wenn man sie einfach nur darum bittet, beim Jäten zu helfen. Wenn schon vielen Erwachsenen diese Arbeit eigentlich die unbeliebteste ist, wie soll es denn Kindern anders gehen?

Ich bewundere einmal mehr die Erziehungsmethoden meiner Eltern: Ich **durfte** nämlich mein eigenes Gartenbeet haben. Ich durfte zwar fragen, ich durfte aber auch selbst experimentieren. Das ging zwar anfänglich gründlich schief, setzte ich doch einfach Blätter von Walderdbeeren (ohne Wurzeln) in die schön geharkte Erde. Ich weiß noch, wie ich weinte, weil die Blätter natürlich welkten und es aus meinem erträumten Erntesegen nichts wurde. Da bekam ich dann die nötigen Erklärungen, und wenn ich den jeweiligen Rat befolgte, auch das entsprechend beglückende Resultat. Wahrscheinlich liegt es daran, dass ich immer noch so gerne Gartenarbeit mache.

Aber zum Garten gehört ja nicht nur der Nutzgarten, in dem man arbeitet, dazu gehört ja auch der Garten, in dem man wohnt. (Lustig: In der italienischen Sprache braucht man für diese beiden Garten-Arten zwei ganz unterschiedliche Bezeichnungen: Ein Gemüsegarten ist ein „Orto" – und ein Gemüsegärtner ein „Orticoltore", ein Garten mit Blumen und zum Wohnen ist ein „Giardino" und die Blumengärtnerin eine „Giardiniera".

Auch hier: Kinder bekämen bei mir ihre Garten-Vergnügungen. Zum Beispiel diejenige, die mein Vater für mich bereithielt, eine **Schaukel**. Bei uns war das ganz einfach zu bewerkstelligen: Zwei ganz, ganz starke Schrauben in die Balkonträger, die über den Gartenplatz hinausragten geschraubt, zwei dicke Seile, am Schaukelbrett befestigt. Fertig. Manchmal träume ich, ich würde wieder auf dieser Schaukel fliegen, meine Zöpfe würden im Wind fliegen, die Bänder meiner Schürze. Stundenlang konnte ich mir so die Zeit vertreiben. Dann kamen auch noch die Mutproben: Von der vorwärts schwingenden Schaukel im richtigen Moment abspringen und schauen, wie weit ich dann durch die Luft flog, bis meine Füße einen Abdruck im Sand machten ...

Wer wünscht sich da nicht, nochmals Kind zu sein.

Kinder im Garten

Rechts: Kinderpflanze Tomate – „Paradiesapfel" ist doch viel schöner.

Ganz rechts: Gelbe Zucchini mit Blüte sind für das Kinderbeet bestens geeignet. Da ist immer mein Kampf mit mir selbst:
Blüten zu essen, tut mir irgendwie leid.

Oh, ich sollte vielleicht diese „sportliche Betätigung" nicht verraten, denn einmal, ja, da habe ich mir beim Aufprall auf den Boden fürchterlich den Fuß verstaucht.

Wie viel Spaß eine Schaukel auch heute noch Kindern macht, beobachte ich, wenn ich von meinem Hof hinunter schaue auf den **Spielplatz** auf der gegenüberliegenden Flussseite, an dem sich vom Frühjahr bis in den Spätherbst Scharen von Kindern tummeln!

In unserm Dorf gibt es drei schulpflichtige und zwei noch nicht schulpflichtige Kinder. Trotzdem beschloss die Gemeinde, auf einer Magerwiese beim Fluss einen Spielplatz einzurichten. Sehr zum Kopfschütteln einiger Bewohner. Aber welche Freude bietet dieser Spielplatz Kindern, die – ich weiß nicht von wo her überall – zu uns kommen und sich hier auf die einfachste Art an der frischen Luft (und ohne Fernsehen und Radio) vergnügen. Mit einer Schaukel (die an zwei gemauerten Pfeilern gut verankert ist), mit einer kleinen **Rutschbahn** und einem **Sandhaufen**.

Und da gleich ein wichtiger Hinweis: Den Sandhaufen muss man bei Nichtgebrauch abdecken können. Katzen und Hunde wissen ja nicht, dass dieser Sand für sie tabu sein sollte.

ZURÜCK ZU MEINER KINDHEIT

Da gab es nämlich noch ein weiteres Vergnügen. Eines, das zudem ganz viel Pädagogik enthielt: Unser Steingarten. Das war – der Name sagt es ja schon – ein Steinhaufen von etwa drei Metern Durchmesser. Ich mag mich sogar noch erinnern, wie mein Vater ihn anlegte (wobei ich ihm natürlich helfen „durfte"). Er legte eine Schicht Steine von etwa dreißig bis vierzig Zentimetern Durchmesser (huch, waren die schwer!) im Kreis auf den vorgesehenen Platz und ich hatte die Zwischenräume mit Erde aufzufüllen. Darauf kamen weitere Stein- und Erdschichten, jedes Mal mit kleinerem Durchmesser, so dass eine Art runde, oben abgeplattete Pyramide entstand. In die seitlichen, mit Erde gefüllten Zwischenräume und obenauf durfte ich Wildpflanzen setzen: Arnika, Eisenhut, Johanniskraut, Steinbrech, Primeln, Soldanellen, Männertreu, Wollgras, Enzian, Silbermantel, eine wunderschöne blausilberne Distelart, die „Mannstreu" genannt wurde (oder schreibt man Mannsstreu??). Auf der der Sonne abgewandten Seite kam die „Schneetälchenflora" hin. Winzige Blumen, die – so erklärte mir Papa – oft nur sechs, sieben Wochen Zeit haben, um zu blühen, Samen zu bilden und diese zu verstreuen.

Als Papa während der Jagdzeit eine erlegte Gämse heimbrachte, hatte er in seinem Rucksack auch drei Edelweißpflanzen. Die bekamen natürlich einen Ehrenplatz und gediehen während vieler Jahre. Wundert sich da noch jemand, dass ich bei diesen Erziehungsmethoden so geworden bin, wie ich es heute immer noch bin?

Sommer-Nachrichten aus meinem Garten

Eigentlich schon ab Mitte Mai haben wir unser tägliches Leben ins Freie, in den Garten verlegt. Zum Glück habe ich eine Extra-Küche, die direkt an meinen Hof mit dem Nussbaum und dem großen Steintisch mit den Steinbänken angrenzt.

MEINE GARTENKÜCHE

Diejenige, die darin kocht, arbeitet dadurch schon beinahe im Garten. Die allerwichtigsten Küchenkräuter wachsen nur zwei, drei Meter weg von der Küche (beneidenswert, nicht?). Alle Mahlzeiten werden hier draußen eingenommen – vorausgesetzt, es regnet nicht. Aber das Tessin ist ja schließlich die Sonnenstube der Schweiz. Es gibt manches Jahr, wo es dieser Auszeichnung gerecht wird. Nur – wenn es dann regnet, dann richtig (aber davon habe ich schon berichtet).

UND DER GRILL

Und dann haben wir noch ein Extra-Spezial-Sommer-Vergnügen: Hinter meinem Haus gibt es nochmals zwei runde Tische aus zwei alten Mühlsteinen – natürlich auch aus Granit, beide mit den entsprechenden Bänken, plus einen langen steinernen Tisch, an dem acht Personen Platz haben. Und die Krönung des ganzen: Ein Grillhäuschen. Zwei Seiten bis unters Dach aus Bruchsteinen, eine steinerne Säule, die das Dach auf den beiden offenen Seiten trägt und darunter ein Grill, auf dem sich gut und gern zwölf oder noch mehr Bratwürste aufs Mal grillen lassen. Geburtstage, Namenstage, Freundestreffen (und ich habe viele Freunde!), Klassentreffen, Sonntage, Feiertage – alles findet hier draußen statt, es sei denn, das Wetter macht nicht mit.

Zugegeben, eigentlich geht es dann zu wie in einer Wirtschaft. Einer Tessiner Garten-Wirtschaft. Wie es sich gehört, bekränzt mit Rosen und Clematis, mit allen erdenklichen Sommerblumen. Und da gehört selbstverständlich auch die entsprechende Musik dazu. Wer eine Gitarre hat, darauf einigermaßen spielen kann, wer singen kann – alle sind willkommen. Und wenn ich denke, **wie** hier schon gefeiert wurde!

Bitte: Das ist der Eingang zu meiner Gartenküche. Große Menschen müssen den Kopf einziehen.

Sommer-Nachrichten aus meinem Garten

Um diesen Grillplatz darf man mich beneiden.

Solche Tage sind es, die in mir den Wunsch wach werden lassen, nie – aber gar nie – mehr einen Schritt aus unserm Dorf, von meinem Haus und Garten wegzugehen. Aber gleichzeitig weiß ich auch, dass dieser Wunsch nie wahr werden wird.

Und der Preis für all diese Sommer-Herrlichkeiten? So schön es hier ist: Der Karren muss gezogen werden. Manchmal ist der Karren schwer und seine Räder sollten geölt werden. Und manchmal bin ich eben ein bisschen ein altes Ross geworden, das sich nach der Weide sehnt und den Karren einer jüngeren Kraft überlassen möchte. (Seltsam, während dem ich das schreibe, fällt mir auf, dass ich nun schon zum dritten Mal in meinem Bericht einen Vergleich mit Pferden heranziehe...)

Eine gute Hausfrau kann bei uns während der Sommerzeit verzweifeln: Wäsche wird zwar gewaschen – aber erst gebügelt, wenn das Wetter schlecht ist. Die Böden im Haus werden zwar gefegt – basta. Wobei ich allerdings bemerken muss, dass die Innenausstattung meines Hauses von Anfang an dieser Sommerzeit angepasst wurde. Die Fußböden in meinem Haus erlauben es auch, mit erdverkrusteten Stiefeln ins Wohnzimmer zu treten.

Ich habe beim Umbau meines Hauses einkalkuliert, dass im Winter und Frühling ja auch Lämmer in unsern Wohnräumen herumhüpfen. Abgesehen von verschiedenen Hunden und früher bis zu dreizehn Katzen, die natürlich ebenso ihr Recht hatten, sich im Hause aufzuhalten. Manch einer wird jetzt den Kopf schütteln über unsere eigenartige Lebensführung. Aber – bitte verzeiht mir alle: Mir, und ich glaube, auch meinen Mitbewohnerinnen und -bewohnern, ist es wohl dabei... und ich möchte mit niemandem tauschen.

Allgemeine Sommerarbeiten

Oberstes Gesetz für die Sommerarbeiten: Gießen!
Bei mir ist nur gestandenes Wasser erlaubt. Das Quellwasser wäre viel zu kalt!
Und wer das noch nicht weiß: Pflanzen nicht mit der Brause gießen, also die Blätter nicht nass machen, sondern auf die Erde nebenan. Ich rechne eine ganze Gießkanne für drei Tomatenstöcke.
Nur am Morgen gießen (wegen der Schnecken und weil der Unterschied von Luft- und Wassertemperatur dann kleiner ist als am Abend).

DÜNGEN

Tomaten und Kohlarten, 1 x pro Woche nach dem Gießen ca. ½ l Brennnesseljauche (siehe Seite 75) pro Pflanze.
Rhabarber: pro Pflanze einen Eimer Kompost.
Obstbäume: 1 Eimer Kompost auf jede Baumscheibe.

Marienkäfer: Assistent bei der Blattlausbekämpfung

SCHÄDLINGS-BEKÄMPFUNG

Schnecken (jeden Morgen auflesen, portionenweise den Enten verfüttern), Bierfallen aufstellen, Holzasche streuen, Nelkenöl soll ebenfalls wirksam sein (habe ich gestern gehört, muss das noch ausprobieren).
Blattläuse (siehe Marienkäfer, Nützlingspflege, rechts)
Mäuse, Wühlmäuse und Siebenschläfer (siehe Katzen, Nützlingspflege, unten)
Schlangen (siehe Hunde und Katzen, Nützlingspflege, unten)

NÜTZLINGSPFLEGE

Das Gegenteil von Bekämpfung ist Pflege. Deshalb diese Überschrift. Leider kann ich die Nützlinge in meinem Garten nur sehr beschränkt pflegen. Vom **Wurm** im Kompost, den man mit Zwiebeln anlocken kann, berichte ich auf S. 70.

Susi mit Herrn Johannes Paul Meier (letzterer stolze 18 Jahre alt)

Allgemeine Sommerarbeiten

Tausendfüßer wohnen ebenfalls in meinem Kompost. Gemeinsam mit dem Mistwurm verwandeln sie den Kompost in Humus. Und das, ohne je ein Lob von mir zu erwarten.

Vom **Marienkäfer** weiß ich, dass er den Blattläusen zu Leibe rückt und sehe das manchmal auch. Aber er tut es ohne jede Pflege.

Singvögel, die in unendlicher Vielfalt ums Haus herum leben, tragen sicher auch dazu bei, dass ich mich bei der Schädlingsbekämpfung auf ein Minimum beschränken kann. Meinen Dank statte ich ihnen dann im Winter ab. Mit einem reich bestückten Futterhäuschen und mit Meisenknödeln.

Katzen, ja, auch Katzen gehören bei mir zu den Nutztieren. Wenn ich denke, wie sehr die Wiesen am Beginn meines Hierseins von Wühlmäusen zersetzt waren! Jetzt sieht man praktisch nie einen Wühlmaushaufen. Auch Hausmäuse und Siebenschläfer halten sie in Schach. Und auch das sei betont: Katzen die Beutetiere am Boden fangen können, lassen die Vögel in Ruhe. Was eine gescheite Katze ist, denkt: „Was soll ich einen Vogel jagen? Lieber eine Maus, die kann nicht fliegen."

Weshalb hat noch niemand den Orden für fleißige Gärtner in Form einer Gießkannen-Anstecknadel erfunden?

Hunde vertreiben offenbar Schlangen! Ich weiß nicht, ob es ihre Betriebsamkeit oder ihr Gebell ist (können Schlangen überhaupt hören??), hier wimmelt es von Vipern und Nattern und Blindschleichen. Am Anfang meiner Tessiner Zeit sah ich viele davon. Seitdem ich meist zwei Hunde und etliche Katzen habe, herrscht Ruhe.

Die Biene gehört an oberster Stelle aufgezählt, wenn ich von Nützlingen spreche. Was wäre die Natur ohne ihre Mitarbeit?

Beinahe hätte ich ihn zu erwähnen vergessen: Phlox, den ich vor gut 25 Jahren pflanzte, blüht immer noch in meinem Garten

Arbeiten im Nutzgarten

Ja, es gibt sie leider, die „speziellen Sommerarbeiten bei Gemüse, Kräutern und Obst" – mein Wunsch: Wenn es doch noch mehr Hände gäbe, die mir bei diesen Arbeiten helfen würden. So bleibt mir nichts anderes übrig, als mich mit ganz wenigen Ausnahmen auf „allgemeine Sommerarbeiten" zu beschränken: Gießen, Schädlingsbekämpfung, Jauchedüngung, jäten, tägliche Kontrolle und alles, was reif ist, ernten. Dafür darf ich aber doch die Arbeiten in der Küche, die mit dem Konservieren des Ernteguts zu tun haben, als „spezielle Sommerarbeiten für den Garten" bezeichnen. Die Arbeiten, die notwendig sind, um Gemüse, Obst und Beeren zu konservieren, die werden ja sowieso, wenn immer möglich, im Garten ausgeführt. Am Steintisch sitzend. Steinobst von Kernen befreien, Beeren zum Tiefkühlen auf Backblechen ausbreiten, Bohnen abfädeln, Stielmangold zerkleinern, Kohlrabi schälen, Kräuter hacken, Sirup abfüllen… Zum Glück war ich beim Umbau meines Hauses so gescheit, über einem Steintisch einen elektrischen Anschluss im Freien machen zu lassen. Auch die Küchenmaschine darf im Garten arbeiten. Manchmal auch das Bügeleisen – aber bügeln gehört ja nicht zu den Gartenarbeiten. Oder vielleicht doch? Wenn ich an all die vielen Gartenschürzen denke?

Kohlrabi heißt im Schweizerdeutsch Kohlrabli. Diese zärtliche Verkleinerungsform passt doch gut zu dem feinen Gemüse.

Müsste man bestimmte Charaktereigenschaften bestimmten Pflanzen zuordnen: beim Fenchel wäre es unaufdringlicher Charme.

KATHRINS TIPP

Bei großem Beerensegen einen Teil entsaften. Dazu dient am besten ein Dampfentsafter. Merke: Tiefgekühlter Saft braucht in der Kühltruhe weniger Platz als die entsprechende Anzahl Beeren.

ERNTEN UND KONSERVIEREN

Gemüse: Schnittmangold, Stielmangold, Neuseeländer Spinat, Brokkoli, Tomaten, Kohlrabi, Busch- und Stangenbohnen. Hülsenfrüchte täglich kontrollieren, Reifes ernten. Was nicht für den täglichen Mittagstisch benötigt wird, in 500 g-Beuteln tiefkühlen. Inhalt, Gewicht und Datum draufschreiben!
Blattsalate: Für den sofortigen Verbrauch ernten. Rucola – sofern sie nicht sofort gebraucht wird, zu Pesto verarbeiten (eventuell zusammen mit Petersilie und/oder mit Basilikum).
Beeren: Täglich kontrollieren und ernten… Wenn keine Zeit vorhanden ist, sie sofort einzukochen, auf Backblechen ausgebreitet tiefkühlen, nach zwei Tagen kilogrammweise in Tiefkühlbeutel abfüllen. Inhalt, Gewicht und Datum anschreiben!
Aber im Ernst: Ernten und Konservieren: Diese beiden Arbeiten kommen bei mir eben zuerst. Wozu hätte ich gesät, gegossen, gejätet, wenn ich dann nicht rechtzeitig ernte und das Geerntete sofort haltbar mache? Gottesgaben hätte ich verschleudert! Und das liegt mir

fern. (Und deshalb gibt es in diesem Buch auch verhältnismäßig viele Einmach-Rezepte. Garten und Ernte konservieren gehören bei mir unmittelbar zusammen!)

Aber: Gartenarbeit erzieht zum Voraus-Denken! Wenn ich eben jene gewissen speziellen Arbeiten jetzt nicht erledige, z.B. jetzt zweijährige Blumen säen, dann habe ich nächstes Frühjahr Pflanzen zu kaufen, die sich hier dann mühsam wieder akklimatisieren müssen – abgesehen davon, dass Samen viel weniger kosten und ich überdies auf selbst Gezogenes stolz sein kann.

GEMÜSE-SAATEN, DIE JETZT VORGENOMMEN WERDEN MÜSSEN

Chinakohl: Sein Lob kann ich nicht laut genug singen: Er wird bei mir kaum von Schädlingen befallen, ich kann ihn im Keller, in Zeitungspapier eingewickelt, mindestens bis Weihnachten lagern und dann roh als Salat oder auf vielerlei Arten gekocht als Gemüse verwenden.

Chicorino: Da gibt es praktisch jedes Jahr neue Sorten, die ich neugieriger Mensch natürlich ausprobieren muss. Ich mag bittere Salate sowieso und freue mich jetzt schon auf die täglich wechselnden einmal grünen und einmal roten Salate.

Feldsalat: Hier hat mir Emilia einen Tipp gegeben: Die Samen nicht auf frisch aufgelockerte Erde säen! Das hat wahrscheinlich mit unserer sehr leichten Bodenbeschaffenheit zu tun. Außerdem sei es ratsam, das Beet während der ersten Woche nach der Aussaat mit einer dunklen Plastikfolie zu überdecken.

Fleischkraut: Da mache ich Ende August noch eine letzte Folgesaat.

Kopfsalat: Ist es Faulheit, ist es Sparsamkeit, ist es, dass Kopfsalat während des ganzen Jahres im Supermarkt erhältlich ist? Ich pflanze ihn seit Jahren nicht mehr an. Pflücksalat lässt sich viel einfacher kultivieren (braucht nicht pikiert zu werden) und in genau der jeweils gewünschten Portion ernten.

Rucola: Ich nehme im August die letzte Folgesaat vor.

Winterzwiebeln: Wie habe ich mich doch dieses Frühjahr geärgert, weil ich es letzten Herbst unterließ, sie auszusäen! Sonst war es jeweils so, dass der Vorrat an Sommerzwiebeln genau dann zu Ende ging, wenn die ersten Winterzwiebeln Anfang Mai geerntet werden konnten.

Zuckerhut: Das ist wieder eine jener dankbaren Pflanzen, die bitteren Salat oder (ein Versuch lohnt sich!) auch ein bitteres Gemüse ergeben und der sich – wie Chinakohl – in Zeitungspapier eingewickelt bis Weihnachten im Keller lagern lässt.

Manchmal möchte ich malen können...

ANDERE ARBEITEN IM GEMÜSEGARTEN

Aber auch die übrigen Gemüse darf ich – abgesehen von der jeweils notwendigen Ernte – natürlich nicht vergessen:

Blumenkohl: Die obersten Blätter so abknicken, dass sie die „Blume" bedecken.

Gurken: Süß-sauer eingelegte Gurken sind nicht nur eine feine Beilage, sie sind auch ein willkommenes Geschenk!

Hülsenfrüchte: Späte Aussaat bedingt logischerweise späte Ernte. Dabei achte ich darauf, jeder meiner fleißigen Helferinnen ans Herz zu legen, die abgeernteten Triebe sofort als Gründüngung in den Boden einzuarbeiten. (Manchmal höre ich dann ein Gebrumm: „Du mit deiner ewigen Düngerei!")

Tomaten: Wer nicht rechtzeitig aufbindet, ist selbst Schuld, wenn beim nächsten Regenguss (und wenn es bei uns regnet, dann richtig!) die Stengel abgebrochen sind. Und auch das Ausgeizen darf ich nicht vergessen. Übrigens: Die Tessiner Tomatenpflanzer versorgen zeitweise die ganze Schweiz mit ihrem Gemüse. Sie müssen es also wissen: Tomaten werden heute auf zwei Trieben gezogen. Manchmal brauche ich diese Ausrede, wenn ich einen Trieb nicht rechtzeitig ausgebrochen habe ...

Zucchini: Manchmal übersehe ich eine versteckte Pflanze und zwei Tage später liegt da so ein Riesenbrummer unter den Blättern. Macht in meinem Fall nichts. Es gibt so viele Möglichkeiten, auch solche zu verwerten (siehe Rezeptteil).

ARBEITEN IM OBSTGARTEN

Vielleicht wiederhole ich mich zu oft: Wichtig ist das Ernten – vor allem das Ernten von Beeren. Wie schade, wenn so schöne, süße Him-

Erdbeeren aus Ablegern ziehen

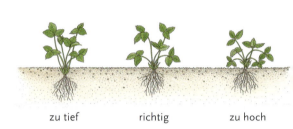

zu tief   richtig   zu hoch

Richtige Pflanztiefe bei Erdbeeren

beeren zu Boden fallen. Und sobald die Stauden abgeerntet sind, schneide ich diese weg.

Erdbeeren: Diese aus eigenen Ablegern zu ziehen, ist Ehrensache! Am praktischsten und mit der kleinsten Arbeit verbunden ist es, unter die ersten Ableger der Pflanzen Töpfchen zu unterlegen. Dann besorgt der Ableger die Pflanzarbeit selbst. Mir scheint auch, solche Jungpflanzen sind am kräftigsten.

Holunder: Jetzt gewonnene, leicht verholzte einjährige Triebe bewurzeln sich beinahe von allein. Nur: Gießen darf ich nicht vergessen.

Johannisbeeren: Hier ziehe ich die Absenkmethode vor: Einen nahe am Boden wachsenden Trieb auf der dem Boden zugewandten Seite beim Blattansatz mit einem Messer leicht einritzen. Den Trieb mit einem Haken zum waagrechten Wachstum zwingen und leicht mit Erde bedecken. So belasse ich ihn bis zum nächsten Frühjahr und versetze die Jungtriebe erst dann.

Kiwi: Langtriebe einkürzen, eventuell aufbinden.

Sommerarbeiten im Blumengarten

Zum Glück machen auch Blumen jetzt wenig Arbeit, wenn ich von den „allgemeinen Arbeiten" absehe. Dafür überlege ich mir, was ich an meinen nächstjährigen Blumenschmuck anders machen soll. Dann gehe ich auf einen der nahe gelegenen italienischen Märkte und studiere die Blumensamen.

„Aha, die Signora aus der Schweiz gibt uns wieder einmal die Ehre." Und dann entsteht auch hier ein Gespräch – zwar nicht über den Gartenzaun, aber zumindest über das, was am Gartenzaun wächst. Der Blumenhändler zeigt mir stolz seine Neuigkeiten, rät mir, nächstes Jahr eine neue Sorte Kapuziner zu säen, gelbe, mit gefiederten Blütenblättern. Ja, und dann hätte er da noch eine neue Malvensorte, ganz tiefrot, so wie der Wein aus dem Veneto, von wo her er stammt.

Meine Begleiter drängen mich, jetzt endlich zu kommen, sie wollen noch Schuhe kaufen und eine Handtasche, und ich soll doch dolmetschen. Dann sei es billiger. Und ich verlasse meinen Gärtnerkollegen und verspreche, bald wiederzukommen. „Ma – da sola!" ruft er mir noch nach. „Aber dann allein!" Er weiß, dass ich dann mit einer ganzen Tasche voller Blumensamen, nicht nur mit ein paar Tütchen, heim in die Schweiz fahre.

EINIGE ARBEITEN, DIE NICHT VERGESSEN WERDEN DÜRFEN

Forsythien und Weigelien ziehe ich genau wie vorher bei den Johannisbeeren beschrieben (Seite 68). Ob sie sich auch bei der **Buddleja** anwenden lässt, weiß ich (noch) nicht!

Die Aussaat von zwei- und mehrjährigen Blumen darf ich natürlich nicht vergessen. Akelei, Malven, Herkuleskeule, Rittersporn, Fingerhut besorgen diese Arbeit ohne mein Zutun. Aber manchmal möchte ich noch diese oder jene andersfarbige Varietät. Dann muss ich sie jetzt ansäen. (Und – Entschuldigung – gleich muss ich wieder eine Erfahrung mitteilen: Ich habe in Baden-Baden Samen von wildem Fingerhut, in Davos und Arosa Samen von wilder Akelei und Herkuleskeule mitgenommen. Wildblumen scheinen mir dankbarere Gartenbewohner zu sein – vorausgesetzt, die Erde entspricht ihren Ansprüchen. Und dann kann es auch sein, dass die Wild- und die Kulturformen sich kreuzen. Zum Beispiel bei der Akelei. Ich behaupte, dass bei mir eine Akelei blüht, die ich ganz allein besitze. Man darf neidisch sein...)

Akelei: Immer wieder ein Farbenspiel

Rittersporn und Cosmea grüßen als Verlobte...

Kompost

Mit dem Kompost ist es ähnlich wie mit den Jauchen. Zuerst scheint es mir ein uninteressantes, ja langweilige Thema – und dann befasse ich mich damit, und es wird interessant. (Vorhin hat eine meiner Mitarbeiterinnen gefragt, ob ich wohl vorhätte, kompostsüchtig zu werden – aber so weit kommt es vermutlich doch nicht.) Aber im Ernst: Ich habe das große Glück, dass mein Garten in der Nähe von Schaf- und Eselställen liegt. Wie tun mir doch die Gärtnerinnen

Küchenkompost im Hause Rüegg. Manchmal machen die Esel Kontrolle.

Leid, die keinen natürlichen Dung für ihren Garten bekommen. Freunde von mir fahren von weit her zu mir, füllen Abfallsäcke mit Mist, diese tragen sie mühsam zu meiner Seilbahn, von der Talstation meiner Seilbahn zum Auto, vom Auto wieder in ihren Garten, d.h. zu ihrem Komposthaufen. Kompost nur von Haushaltsabfällen sei eben lange nicht so gut. Und nochmals eine Bemerkung zu den Haushaltsabfällen: Ich lege jedes einzelne braune Zwiebelblättchen beiseite, um damit Wolle zu färben. Ergo kommt dieser Abfall nicht auf den Komposthaufen. Zwiebelschalen, die dann zum Färben gebraucht worden sind, wage ich nicht auf den Komposthaufen zu werfen, weil sie dann Alaun enthalten und ich nirgends Hinweise gefunden habe, ob das schädlich oder unschädlich sei. Mir fiel auf, dass mein Haushaltsabfall-Kompost überhaupt nie Würmer enthielt. Und dann vergammelte ein ganzer zu Boden gefallener Zwiebelzopf. Und den warf ich ärgerlich auf den Komposthaufen. Mit dem Resultat, dass sich einige Monate später unzählige Würmer darin krümmten! Seither separiere ich gelbe und weiße Zwiebelschalen-Abfälle – und habe Würmer im Kompost. Auch das sei ein Tipp über den Gartenzaun!

NOCH EIN TIPP

Wer viel Orangen- und Bananenschalen im Haushaltsabfall hat, mache daraus ein Extra-Komposthaufen für Erde in Blumenkisten und -Rabatten (gemischt mit Mist, abgeschnittenem Gras und Dünger-Jauche-Rückständen). So können eventuell vorhandene Spritzmittel-Reste der Südfrüchte nicht in die Nahrungsmittelkette gelangen. Solche Blumenerde ist billiger als die gekaufte (die sogar aus Rückständen aus Kläranlagen bestehen soll). Allerdings: Ich muss die Zeit nicht berechnen, die es braucht, um die Komposterde zu sieben. Wir haben ein etwa türgroßes Gitter mit einer Stütze, durch die wir den Kompost werfen können, eventuell wird noch mit einem feineren Gitter nachgesiebt.
Kompost (jetzt wieder derjenige ohne Zitrus- und Bananenschalen, aber mit Gartenabfällen und Mist) bereichert die Erde meines Blu-

men- und Gemüsegartens. Er verbessert die Bodenstruktur (mehr Kompostanteil = weniger Steine). Ich denke, er ist so eine Art Stärkungsmittel für meine Pflanzen, das ihnen hilft, Krankheiten und Schädlingen auszuweichen.

Der Komposthaufen beim Eselstall enthält viel Mist, aber natürlich auch das Schnittgut von Gründüngung, Laub, Hunde- und Eselshaare, die Bauchwolle von Odivios Schafen. Er wird beschattet von den Kürbis- und Zucchiniblättern. Beide Pflanzen wachsen direkt auf dem umgesetzten Komposthaufen, beschatten diesen so auf die einfachste Art. „Für schön" kann ich ja vorne dran noch ein paar Kapuziner säen oder Fleißige Lieschen setzen.

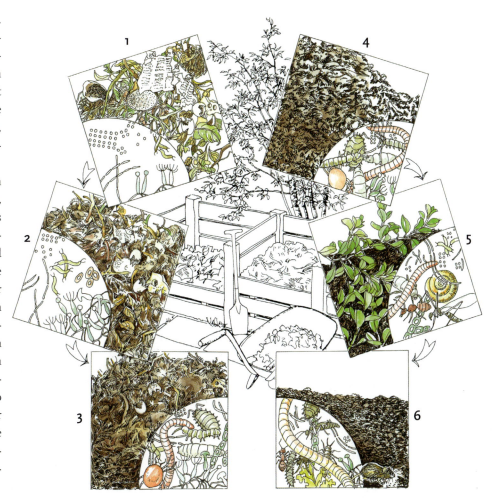

Kompost: So wird aus organischen Abfällen gute Gartenerde.
1. Abbauphase oder Vorrotte: Etwa 10 Tage dauert diese Phase. Bei 40 – 50 (bis 70) °C werden teilweise Unkrautsamen, Keimlinge und Schadorganismen abgetötet. Bodenorganismen in dieser Phase: Schimmelpilze; Strahlenpilze; Eubakterien; schraubenförmige Bakterien, Spirillen
2. Umbauphase: Dauert etwa 14 Tage und es entsteht Rohkompost.
Temperaturmaximum 60 °C, auf 35 °C fallend. Bodenlebewesen in dieser Phase: Strahlenpilze, Pinselschimmel, Hefepilze, Köpfchenschimmel, Spirillen, Springschwänze
3. Aufbauphase: Innerhalb von mehreren Monaten entsteht Frischkompost. Nach Abschluss zum Mulchen geeignet, da wurzelverträglich. Bodenlebewesen in dieser Phase: Rollasseln, Hefepilze, Köpfchenschimmel, Pinselschimmel, Gießkannenschimmel, Strahlenpilze, Kompostwürmer, Springschwänze, Hornmilben, Tausendfüßer, Laufkäfer und andere
4. + 5. Reifung: Nach mehreren Monaten entsteht Reifkompost
Die Erde ist jetzt krümelig, erdig, duftet nach Waldboden. Bodenlebewesen: Weberknechte, Springschwänze, Laufkäferlarven, Asseln, Hornmilben, Schnecken, Raubmilben, Engerlinge, Maulwurfsgrillen, Pinselschimmel, Vogelmiere und andere
6. Vererdung: Nach mehreren Monaten entsteht Komposterde.
Bodenlebewesen jetzt: Springspinnen, Ameisen; Springschwänze, Fadenwürmer, Laufkäfer, Schnellkäfer, Asseln, Gartenspitzmäuse, Großer Regenwurm und andere

Jauchen-Dünger und Medizin – und eine ganze Wissenschaft

Ich werde nie ausgelernt haben! Und manchmal ist es interessant, wie Pflanzen und ihre Wirkungen so etwas wie liebende Arme um Menschen schlingen, die sich mit dem Garten, dem Gärtnern – eben mit den Pflanzen beschäftigen. Da meinte ich doch, das Thema „Jauche" sei nicht sehr interessant. Ein notwendiges Übel sozusagen. Dass die **Brennnesseljauche** ein gutes Düngemittel ist, weiß ich schon lange. Dass sie stinkt, auch. Dass man den Gestank beheben kann, hat mir kürzlich eine liebe Freundin aus dem Dorf verraten (eben: Gespräche über den Gartenzaun): Eine Handvoll Steinmehl und ein paar Tropfen Baldriantinktur in den Jauchen-Ansatz geben, täglich einige Male umrühren und der Gestank hält sich in sehr erträglichen Grenzen. Gottlob!

COMFREY, AUCH BEINWELL GENANNT

Um die **Comfreyjauche** rankt sich bei mir eine ganze Geschichte: Vor etwa fünfzehn Jahren war ich im Zusammenhang mit einer „Großmutter"-Sendung im Heilpflanzen-Garten einer Firma, die unter anderem **Beinwell**- (also Comfrey-) Salbe herstellt. Der Gärtner war so freundlich, mir einige Wurzeln dieser Pflanze mitzugeben. Ich war an ihr interessiert, weil ich seit vielen Jahren an Rheumatismus leide und in diesem Zusammenhang von der Heilwirkung dieser Pflanze wusste. Neugierig war ich, ob die Wirkung frisch gequetschter Blätter noch besser sei als die Salbe. Ich setzte die Wurzeln in meinen Garten – und da gefällt es den Pflanzen. Ich lasse

Das Labor der Frau Dr. düng. jauch.

Jauchen-Dünger und Medizin – und eine ganze Wissenschaft

Brennnessel: Irgendwann werde ich versuchen, ob ich die Fasern verspinnen kann.

Beinwell: Gütezeichen für die Pflanzen-Apotheke.

es zu, dass sie sich versamen, muss nur aufpassen, dass sie eifrige Gärtner-Hilfen, die sie nicht kennen, nicht als Unkraut jäten. Sie vermehren sich auch wie Unkraut. Irgendwann las ich in einem Blatt für biologisches Gärtnern, dass **Comfrey**-Blätter, als Jauche angesetzt, einen hohen Düngewert haben. Zugegeben, eigentlich reut es mich, sie zu Düngezwecken zu verwenden, wo wir doch Brennnesseln im Überfluss haben. Was für eine Kostbarkeit Comfrey ist, habe ich aber erst nach der genauen Lektüre der oben erwähnten Zeitschrift realisiert. Da stand nämlich: „Comfrey könnte man fast als Erkennungszeichen des biologischen Gartens betrachten, denn bis heute ist er in konventionellen Gärten kaum anzutreffen. Deshalb sind Stecklinge bis jetzt fast nur bei Bio-Anbauern zu finden. Im Biogarten schätzen wir vor allem den hohen Düngewert der Blätter." (Hurra, da haben wir es schwarz auf weiß: Ich habe Comfrey im Garten, bin also Bio-Anbauerin – oder besser Anbäuerin??)

EINE TATSACHE, DIE MICH IMMER WIEDER FREUT

Sobald ich mich mit einem Thema näher beschäftige (hier das auf den ersten Blick langweilige Thema „Jauchen"), wird dieses interessant, stecken einerseits Wissen und andererseits Geschichten dahinter.

Aber zurück zur Praxis: Düngejauchen mache ich also in erster Linie aus **Brennnesseln**, manchmal aus **Comfrey**, es sollen sich

Sommer

Kräuter auch im Topf: Vorsorge für die Wintermonate

auch die ausgebrochenen **Geiztriebe der Tomaten** dazu eignen. Das wage ich nicht zu versuchen, weil ich Respekt vor der Krautfäule habe. Dann könnte ich **Löwenzahnblätter** oder **Kohlabfälle** oder **Ochsenzunge**, (nein, nicht diejenige vom Metzger, ein Wildkraut (*Anchusa*)) zum Düngen verwenden. Aber da bleibe ich lieber bei der Brennnessel. Davon hat es hier im Überfluss. Was aber interessant ist: **Ackerschachtelhalm**, **Birkenblätter**, **Farnkraut**, **Zwiebel- und Knoblauchabfälle** ergeben Jauchen, die – ich zitiere mein Bioblatt – „in erster Linie krankheitshemmend wirken". Die ersteren drei kann ich direkt vor meinem Garten holen – Zwiebel- und Knoblauchabfälle brauche ich für andere Zwecke (siehe Kapitel Kompost, Seite 70). „**Eichenblätter**, **Rhabarberblätter** und **Rainfarn** wirken verjaucht schädlingsabwehrend." Ach, wie wünschte ich mir, all das ausprobieren zu können – aber dazu fehlt mir (noch?) die Zeit. Ich habe diese Hinweise zitiert als eine Art Tipp über den Gartenzaun, den ich auch meiner Gärtner-Nachbarin im Dorf mitteilte. („Probier doch mal…, vielleicht hilft's.")

Ja, und da ist noch ein Hinweis: Alle diese Jauchen kann man auch mit getrockneten Blättern machen. Verhältnis 1 Teil Kräuter, 9 Teile Wasser. Das werde ich demnächst probieren. Was geht schneller: Frische Brennnesseln hacken oder bei getrockneten die Blätter abstreifen?

Jauchen-Dünger und Medizin – und eine ganze Wissenschaft

MIT JAUCHE DÜNGEN – GEWUSST WIE!

Ich hab's ja schon einmal gesagt: Das ist eine Wissenschaft (wie wär's, wenn ich mir den bedeutenden akademischen Titel „Frau Dr. jauch.düng. zulegen würde??).
Behälter: Ich nehme, weil die Beschaffung von Holzfässern heute beinahe unmöglich ist – die schrecklichen blauen Plastiktonnen. Sie verunzieren zwar meinen Garten, (ich hasse sowieso alles aus Plastik) – aber besser das als nichts. Metallgefäße soll man nicht verwenden.
Diese Plastiktonnen haben den Vorteil, dass ich ihr Fassungsvermögen genau kenne: 100 l. Das heißt, ich bräuchte also 10 kg frische oder (siehe vorher) 1 kg getrocknete Kräuter. Aber die Tonnen sollten höchstens zu drei Vierteln gefüllt werden, da die gärende Jauche sehr viel Schaum bildet. Also 7,5 kg frische Kräuter auf eine Tonne. Jauche stehen lassen, bis sie nicht mehr schäumt (ca. 10 Tage).
Hätte ich jetzt nur einen Balkongarten, dann würde ich mit einem 10 l-Wassereimer entsprechend verfahren.
Aber damit ist die Jauchen-Mathematik noch nicht beendet: Starkzehrer sollen eine 1:5 verdünnte Jauche ertragen. Ich bin vorsichtig und verwende nur die 1:10 Verdünnung. Lieber einmal mehr düngen. Mit dieser Verdünnung habe ich auch bei Mittelzehrern wie Salaten und Spinat nur gute Erfahrungen gemacht. (Zugegeben: Die Trennung verschieden konzentrierter Jauchen macht die Arbeit – vor allem das Schleppen der Gießkannen – noch mühsamer. Oder soll ich einfach gestehen, dass ich dazu zu faul bin?). Worauf ich streng achte, Jauche soll nur auf feuchtem Boden ausgebracht werden. Und bei den Setzlingen warte ich, bis sie gut angewachsen sind.

Die abgeseihten Jauche-Rückstände kommen auf den Kompost oder dienen zum Mulchen. Wenn das alles keine Wissenschaft ist! Wann darf ich Sie, liebe Leserin, lieber Leser, im Club der Jauchewissenschaftler begrüßen?

> ### KATHRINS TIPP
> *Große Wasserbehälter (also z.B. meine blauen Tonnen), die nicht bis obenauf mit Wasser gefüllt sind, unbedingt immer mit einem Gitter abdecken. Weder eine Katze noch ein anderes Tier könnte sich – hineingefallen – daraus wieder retten.*

Jaucheherstellung

Bäume – meine besonderen Freunde

Die Bäume, die mein Haus und meinen Garten umgeben – wären sie nicht, so würde ein wichtiger Bestandteil fehlen. Meine Umgebung wäre dann etwa wie ein Bild ohne Rahmen.
Nein, die **Lärche** beim Garten, die **Tanne** beim Backhäuschen, die **Buche** bei der Eselweide sind viel mehr als bloße Rahmen, viel mehr: sie sind meine Freunde.

MEIN ALLERGRÖSSTER FREUND IST DER NUSSBAUM IM HOF

Er wächst direkt hinter der Sitzbank, an dem Platz, wo ich meistens sitze. Manche bezeichnen es als Einbildung: Ich behaupte, wenn ich mich ganz nahe an ihn schmiege, ihn manchmal sogar umarme, dann strömt die Kraft des mächtigen Baumes auf mich über. Und dann kommt noch dazu, dass ich von seinen Früchten zweimal im Jahr ernten kann: Einmal um den Johannistag herum die heruntergefallenen grünen Nüsse (Rezepte siehe Seite 52), dann im Herbst die reifen Nüsse. Oder nein, da fehlen noch das Nussbaumlaub im Sommer, mit dem ich Wolle färben kann, die grünen äußeren Nussschalen, die die reifen Nüsse umhüllen und die ich für das leichteste aller Färberezepte brauche.
Im Frühling vor etlichen Jahren hat er mich allerdings erschreckt: Die frischen Blätter hatten dunkle Flecken, waren stellenweise wie vertrocknet. Wenn ein Mensch, ein Tier krank ist, kann man besorgt sein. Ich weiß es seither: Auch wenn ein Baum krank ist, bin ich besorgt. Und gar mein Nussbaum! Was wären der ganze Hof, der ganze Garten, das Haus ohne diesen Baum? Wenn ich mir vorzustellen versuchte, wie es wäre, wenn wir seinen Schutz, seinen Schatten nicht mehr hätten ... Markisen und Sonnenschirme im Dschungel. Unpassend und zudem witterungsabhängig und überhaupt ... In solchen Fällen ist es immer gut, wenn man jemanden kennt, der jemand kennt, der jemand kennt: Ich erzählte meine Sorgen zufälligerweise einer Freundin von mir, einer anthroposophisch ausgebildeten Ärztin. Sie kannte einen Mann, „einen Baum-Doktor", sagte sie, dem sie von meinem kranken Nussbaum erzählte. Und der gab ihr etwa eine Woche später ein paar Nägel, etwa solche, wie man sie zum Befestigen von Dachpappe braucht. Diese Nägel sollte ich spiralförmig in die Rinde des Baumes einschlagen. Das könnte vielleicht helfen ... Da ein paar armselige Nägel – und dort der riesige Nussbaum. Medizin in homöopathischer Dosis! Ich habe mit jedem Hammerschlag, mit dem ich die Nägel in die Rinde trieb, auch noch ein Stoßgebet an irgendeinen Baum-Heiligen oder auch an den lieben Gott persönlich gebetet. Seien es die Nägel, seien es die Gebete gewesen: Der Baum genas. Das sah ich im darauffolgenden Frühling, sehe ich seither jeden Frühling und danke meiner Freundin, dem Baumdoktor, den Baum-Heiligen und dem lieben Gott.
Eben – es ist gut wenn man jemanden kennt, der ...

MEINE KASTANIEN & CO.

Die **Tanne** neben dem Backhäuschen und diejenige im Hühnerhof habe ich selbst gepflanzt. Die eine war im Jahr 1988 unser Weihnachtsbaum, die andere hat mir meine Freundin Marlene geschenkt.
Warnung: Ziegen und Esel fressen nichts lieber als Nadelgehölze! Wer sich wundert, dass

Bäume – meine besonderen Freunde

Nochmals ein Nussbaum – diesmal auf der Schafweide

in einer Gegend kaum Tannenbäume wachsen, kann sich das damit erklären, dass hier Ziegen oder Esel weiden müssen. Die ersten Nadelhölzer, die ich unwissend in meinem Garten pflanzte, waren **Föhren** (*Pinus mucus mughus* hießen sie und kosteten schon damals dreißig Franken das Stück...). Olimpios Ziegen müssen sie gerochen oder gesehen haben: Ein paar Stunden lang war niemand im Haus. Als ich zurückkam, traf ich die Ziegen in meinem Garten an (sie müssen dazu eine mehr als meterhohe Gartentüre überspringen – und zwar aus dem Stand), und von meinen vier Föhren (rechne: 4 mal 30 Schweizer Franken – und das Anno 1980!!) waren nur noch ein paar armselige Stummel übrig.

Die Weihnachtsbaum-Tanne beim Backhaus habe ich während der ersten zehn Jahre ihres Lebens mit einem zwei Meter hohen Drahtgitter umschlossen. Diejenige im Hühnerhof ist durch das gleich hohe Gitter, das den ganzen Hof umschließt, geschützt.

MEINE KASTANIE

Den uralten **Kastanienbaum**, den ich einmal im Haselwald über meinem Haus entdeckte, wage ich nicht als Freund zu bezeichnen: Meine Ehrfurcht vor ihm und seinem Alter ist zu groß. Ich denke, man würde mehr als tausend Jahrringe in ihm finden.

Ich begegnete ihm, als ich einige Schafe suchte, die Odivio entlaufen waren. Unwillkürlich komme ich bei der Begegnung mit einem so ehrwürdigen Baum ins Grübeln: Wer hat ihn gepflanzt – und wann? Und wie sah es damals hier aus? Von was haben die Menschen damals hier gelebt? Wie sahen sie aus? Wie waren sie gekleidet? Würde ich ihre Sprache verstehen? Daraus werden Träume – und dann höre ich ganz in der Nähe ein paar Schafglocken bimmeln, das Mähmäh eines Lämmchens. Die Träume verfliegen. Ich bin wieder da, in meiner Gegenwart – und glücklich, dass mir das Schicksal genau diesen Erdenfleck für mein Dasein zugewiesen hat!

UM WIEDER ZURÜCKZUKOMMEN AUF „MEINE" BÄUME

Die vielen **Birken** darf ich natürlich auch nicht vergessen. Da sind diejenigen hinterm Haus, bejahrte, ich würde sagen erwachsene Bäume mit dicken Stämmen, junge, die mir mit ihrem lichten Laub vorkommen wie Balletteusen im Tutu! Ich weiß nicht, seit wie vielen Jahren ich mir schon vornehme, eine Frühjahrskur mit Birkensaft zu machen: Schräg aufwärts in den Stamm einer großen Birke ein etwa zehn Zentimeter tiefes Loch bohren, einen Trinkhalm hinein stecken, ein Gefäß unten dran anbinden, täglich den Saft wegnehmen und trinken. Das sei die beste Entschlackungs- und Entwässerungskur... Aber dann verbietet es mir meine Ehrfurcht vor den Bäumen, diese Prozedur vorzunehmen – und ich hole mir den Birkensaft in der Apotheke... Aber die Aufzählung der Bäume-Vielfalt geht noch weiter: Überall sprossen die **Robinien** (man nennt sie fälschlicherweise auch Akazien, „Scheinakazien" ist richtiger). Hier bilden sie das Fußvolk unter den Bäumen. Es gibt so viele davon, dass man sie fällen darf, ohne eine Bewilligung der Försters dafür einholen zu müssen.

Apropos Robinien: Da muss ich schnell eine kleine Geschichte erzählen. Die Frauen, die mir vor vielen Jahren zeigten, wie hier Wolle mit Pflanzen gefärbt wird, verwendeten auch eine rötliche Wurzel, getrocknet und in kleine Würfel geschnitten. Sie bezogen sie aus einer Drogerie. „Das sind Robinien-Wurzeln." Neugierig wie ich bin, grub ich das Wurzelstück einer Robinie aus. Es war keineswegs rot. „Möglicherweise wird es rot, wenn ich es trockne." Es war gar nicht so einfach, die Wurzel zu zerschneiden. So schön wie die Stücke aus der Drogerie war das keineswegs – und als die Wurzel dann trocken war: Keine Spur einer roten Farbe. Hätte ich im inzwischen erworbenen Buch der Färbepflanzen nachgeschaut, hätte ich mir die Mühe mit der Robinienwurzel ersparen können. Die Pflanze, die die schöne rote Farbe abgibt, heißt „Rubia" genau gesagt *Rubia tinctorium* (= Krapp). „Robinia" war allen Frauen geläu-

...und dieser Ahornbaum steht bei Ovidios Schafstall.

Bäume – meine besonderen Freunde

Eigentlich sollte doch jedermann hören, was dieser Baum zu erzählen hat.

fig, eben weil dieser Baum hier weit verbreitet ist. Was ich hingegen den Frauen bezüglich der *Robinia* verraten konnte: Die Blütentrauben dieses Baums, in Pfannkuchenteig getunkt und in heißem Fett ausgebacken, schmecken ähnlich wie die Holunderblütenküchlein. Fein! Und während ich nun diese Geschichte erzähle, taucht eine Idee auf: Auch aus Holunderblüten mache ich eben die oben erwähnten Küchlein, dann Gelee und Sirup (beides Spezialitäten, die man in meinem Ladengeschäft und sonst wohl nirgends kaufen kann). Nächster Versuch wird es sein, mit denselben Rezepten Gelee und Sirup aus Robinienblüten zu machen! Ach – es ist wohl meines Alters unwürdig – aber ich bin immer noch unternehmungslustig wie ein neugieriger Backfisch – und an Ideen gebricht es mir weiß Gott nicht. Ich möchte manchmal gerne wissen, was mir, „dieser Kathrin", noch alles einfällt. „Kind, mir graut vor dir", sagte meine Mutter manchmal zu mir, wenn ich wieder einmal von einer verrückten Idee, die sie mit „Flausen" bezeichnete, besessen war. „Woher du nur all diese Phantasie hast?" Ich habe es ihr nie verraten: Mein Vater war eigentlich ein eher stiller Mann – aber mir, seiner Tochter, hat er Einblicke in seine Gedanken, seine Seele erlaubt – und da blühte die Phantasie so wie sie bei mir weiterblüht. Danke, Papa. Die Welt wird dadurch so viel schöner! Und weiter mit der Aufzählung meiner Baum-Vielfalt: Unten am Fluss stehen die **Erlen**. Mit ihrer Rinde kann man wirklich Wolle färben. Habe ich jetzt alle Bäume aufgezählt? Nein, hie und da steht auch eine **Eiche** oder **Linde** im Wald. Sie sind sozusagen die Einzelgängerinnen. Die vielen wilden **Kirschbäume** fallen mir nur im Frühling auf, wenn sie den Wald mit ihren weißen Blüten sprenkeln.

Habe ich übertrieben, wenn ich Bäume meine Freunde nenne? Ich denke, solche Geschichten mag ich nur erzählen, weil ich die Baum-Freunde meiner Umgebung immer wieder beobachte, weil ich sie gerne habe. Und wen ich so gerne habe wie meine Bäume, der ist mein Freund!

Bäume und Wasser – ein unerschöpfliches Thema

Meine liebsten Sträucher

Beinahe hätte ich vor lauter Bäumen – äh – Sträuchern den Wald nicht gesehen und den wichtigsten Strauch, der um mein Haus herum (ja, ringsum) wächst, vergessen: Die **Haselnuss**: Wenn jemand mich fragen würde, wie er seine Umgebung bepflanzen soll, in der er sein Haus zwar ein bisschen – aber nicht ganz – verstecken kann, mit einer Pflanze, die vollkommen anspruchslos, unabhängig von Witterungseinflüssen ist, unter der, wenn sie dicht genug wächst, kaum Unkraut sprießt und von der man schließlich sogar noch Nüsse ernten und Anfeuerholz schlagen kann: All diese Vorteile bietet die Haselnuss. Wahrscheinlich war diese Pflanze schon da, bevor mein Haus – also damals noch der Stall – gebaut wurde. Und das war gemäß einer über der Kellertüre eingemeißelten Jahreszahl immerhin das Jahr 1847! Hier wachsen sie so üppig, dass man ihr Holz schlagen darf, ohne den Förster zu fragen – so wie die Robinien, mit denen der Haselwald durchsetzt ist.

BESENGINSTER UND FÄRBERGINSTER

Ein zweiter, ebenso üppig wachsender Strauch ist der **Besenginster**. Fotografen kann ich es nur wärmstens empfehlen, so anfangs oder Mitte Juni zu uns zu kommen. Die Wiese nach der Brücke (diejenige, die in früheren Zeiten die „Piazza delle Armi" – der Waffen-

Buddleja – Schmetterlingsstrauch. Ich würde eher sagen: Schmetterlings-Festwirtschaft.

Gelb blühender Färbeginster

Meine liebsten Sträucher

platz, d.h. der Exerzierplatz der Dorfwehr war) ist mehr und mehr bewachsen von unzähligen Ginsterstauden, die dann gelb blühen. Ganz am Anfang meines Hierseins hat mich – ich weiß nicht mehr wer – darauf aufmerksam gemacht, dass Ginster alle sieben Jahre nicht blüht. Ich habe es noch nie nachgezählt, ob es wirklich immer sieben Jahre waren. Aber einmal sank die Temperatur im Winter unter 18 °C. Da sind alle erfroren und ich befürchte, dieses Jahr wird wieder so ein verflixtes siebtes Jahr sein: Der Ginster ist vertrocknet. Von Mitte November bis Ende Februar reihte sich ein Sonnentag an den andern (Tessiner Sonnenstube eben!) und das heißt mit andern Worten „kein Niederschlag auf der Alpensüdseite der Schweiz". Auch der Ginster schenkt mir etwas: Mit seinen nach der Blüte neu sprießenden Ruten kann ich Wolle färben. Ich habe es (natürlich) auch versucht, **Färberginster** anzupflanzen. Aber dafür ist unser Klima zu rau.

Umso besser gefällt es der **Forsythie**. Aber von ihr habe ich im Frühling schon erzählt.

> **KATHRINS TIPP**
>
> *Es gibt auch eine schöne Zierform der Hasel, deren Äste wie Zapfenzieher geformt sind (die Korkenzieherhasel). Diese steht auf meiner Wunschliste für den nächsten Geburtstag. (Meine armen Freunde! Die wissen ja sonst nie, was sie mir schenken sollen, „weil du ja doch schon alles hast".)*

Wieder einmal wünsche ich mir, dass Fotos auch Düfte verströmen können. Hier denjenigen des Geißblattes

Stechen tut er, der Feuerdorn, und feuerrot sind seine Beeren.

KATHRINS TIPP

Mich freut der Feuerdorn, wenn er blüht, mich freut er auch, wenn er seine roten Beeren als Herbstschmuck aufsetzt – aber was ich aus diesen Beeren machen könnte, habe ich noch nicht herausgefunden. Doch, etwas habe ich schon gemacht, indem ich „il fiore" pflanzte: Vogelfutter!

Hortensie: Wer war zuerst – der Frauen- oder der Blumenname?

Winterjasmin: Auch das war einmal „un fiore", ein Steckling, den Rosmarie mir geschenkt hat.

WINTERJASMIN, HORTENSIE UND BUDDLEJA

Der **Winterjasmin** erinnert mich immer an die Freundin, die ihn mir vor langer Zeit schenkte. Jahrelang hatte ich mir diese Pflanze eigentlich gewünscht, sie aber nie zu kaufen gewagt, weil es mir weh tut, Pflanzenkinder hierher zu nehmen, denen es bei uns nicht gefällt. Und ein so zartes Blümchen in unserm manchmal doch sehr rauen Winter – nein! Und dann kam jene Freundin zu mir. Mitten im Winter zu einem Kurs über das Färben von Wolle mit Pflanzen. Diese Freundin hat eine Baumschule. Natürlich habe ich sie gelöchert mit meinen Fragen – auch bezüglich des Winterjasmins. Ein paar Tage nach Beendigung des Kurses erhielt ich ein Paket: Da drin waren der Winterjasmin und der Färberginster…

Manchmal denke ich, dass mein Garten für mich auch noch eine Art Poesie-Album ist. Bei wie vielen Pflanzen kommt immer wieder die Erinnerung an diejenigen, die sie mir schenkten!

Gleich geht es mir auch mit einer **Hortensie**, die wunderbar blau blüht und mit einer **Buddleja**. Schon zweimal habe ich lieben Freunden zur Einweihung ihres Gartens einen solchen **Schmetterlingsflieder** geschenkt. Dazu muss ich unbedingt bemerken, dass man ihn möglichst nahe an einen Standort pflanzt, an dem man sich im Sommer oft aufhält. Zur Blütezeit (bei mir Mitte bis Ende August) bekommt man an jedem sonnigen Tag eine „Schmetterlings-Show" gratis in den Garten – in Luxus-Lagen wie bei mir sogar an den Liegestuhl – geliefert! Allerdings ist es nicht so, dass **alle** Schmetterlingsarten sich um ihn tummeln.

DER FEUERDORN

Der allererste Strauch, den ich hier pflanzte, war ein **Feuerdorn**. Als ich ihn kaufte, war noch kein Zaun um meinen Garten gezogen. Meine Nachbarin stand an der Brücke, als ich den Strauch in meine Seilbahn laden wollte. „Was hast du mit der Blume da vor?" (Mit den Namen von Zierpflanzen haben meine Nachbarn nicht viel am Hut, sie wachsen zwar in ihren Gärten, sind aber lauter „fiori" – Blumen. Ich verstehe das: Solche Fiori schenkt

Meine liebsten Sträucher

Haselstrauch: Die Haselmaus, die hier wohnt, hat sich versteckt.

Blühender Seidelbast, der herrlich riecht.

PFEIFENSTRAUCH, SEIDELBAST UND GEISSBLATT

man als bewurzelte Zweige seinen Nachbarn – und keiner hat die Zeit, in irgendeinem gescheiten (vielleicht in einem gescheiteren als diesem) Gartenbuch nachzusehen, wie diese Blumen denn heißen. „Ich werde „diese Blume" auf die Wiese vor dem Haus pflanzen. Schau mal, diese starken Dornen!"
„Lass das lieber sein. Du hast ja überhaupt keine Ahnung, was Ziegen alles fressen. Vor diesen Dornen werden sie gewiss nicht Halt machen. Und dann hast du dein gutes Geld für nichts ausgegeben." Folgsam wie ich bin, habe ich für einen Zaun gesorgt, bevor der Feuerdorn gepflanzt wurde. In der Zwischenzeit (immerhin sind beinahe dreißig Jahre seither vergangen) ist der Feuerdorn groß geworden, so groß, dass seine Zweige manchmal über den Zaun ragen. Aber nur manchmal – denn die Ziegen fressen alles, was sie erwischen können ab. Gut auch diesmal, dass ich Emilias Rat gefolgt bin!

Dem Feuerdorn gesellte ich bald noch einen **Pfeifenstrauch** bei, weil ich seinen Jasminduft so sehr mag. Nur ärgere ich mich immer zur Blütezeit ein bisschen; beide Sträucher haben weiße Blüten – und zweimal Weiß nebeneinander –, das würde ein gewiefter Gärtner nie pflanzen. Und nun kommt nochmal „un fiore" in meiner Aufzählung hinzu, eine *Weigelia*. Die wiederum erhielt ich von Odivios Mutter (von der schon die *Bergenia* stammt) – ebenfalls als bewurzelter Zweig und mit derselben leicht unpräzisen botanischen Angabe. Aber eben auch: Eine Seite in meinem Garten-Poesiealbum, diesmal unterschrieben von Maria. Den **Seidelbast** habe ich mir in einer meiner ersten Kauforgien beim Staudengärtner erstanden. Es ist nicht ganz dieselbe Art wie diejenige, die mir mein Vater in Arosa zeigte. Wenn ich mich recht erinnere, glich jenes Pflänzchen in Größe und Form eher einer Alpenrose. Aber der Duft – der unvergleichliche Frühlingsduft – ist derselbe. Wegen des Duftes habe ich mir unter mein Schlafzimmerfenster auch ein **Geißblatt** gepflanzt. Diesmal eine immergrüne Sorte. Aber zu meiner Enttäuschung stellte ich fest, dass sie kaum duftet. So, und jetzt habe ich so viel von Düften geschrieben – und stelle zum ersten Mal fest, dass ich offenbar ein „Duftmensch" bin. Und gleich habe ich auch einen Entschluss gefasst: Wenn ich einmal Zeit habe (wann wohl), dann werde ich es versuchen, aus meinen wohlriechenden Pflanzen selbst Parfüm zu machen. Ob das wohl geht?? Wann, ja wann lerne ich es, nicht mehr neugierig zu sein?

Sommerrezepte mit Obst und Beeren

ROTE GRÜTZE

* Entweder ¾ l Saft oder 750 g frische geputzte Früchte: Johannisbeeren, Himbeeren, entsteinte Kirschen gemischt oder nur eine Sorte
* ¼ Vanillestängel, der Länge nach aufgeschnitten
* 4 – 6 EL Zucker
* 100 g Sago oder 90 g Maismehl (Maizena oder Mondamin) (für letzteres benötigt man noch 150 ml kaltes Wasser)

Den Fruchtsaft oder die Früchte mit der Vanille und dem Zucker aufkochen. Entweder Sago oder das mit dem Wasser angerührte Maismehl beigeben. Mit Sago ¼ Stunde köcheln lassen (bis der Sago klar ist), mit Maismehl 5 Minuten. Den Vanillestängel entfernen, auskratzen, Kerne zur Grütze geben. Diese in kalt ausgespülte Formen einfüllen, über Nacht kalt stellen, vor dem Servieren stürzen. Kalte Milch, flüssigen Rahm, Vanille- oder Rahmsauce dazu reichen. Dekovorschlag: Blätter oder einige frische Früchte.

KIRSCHEN-KÜCHLEIN

½ – ¾ kg Kirschen mit Stielen
Teig:
* 150 g Mehl
* 100 ml Milch
* 100 ml Wasser (noch besser kohlensäurehaltiges Mineralwasser)
* 1 TL Sonnenblumenöl
* 1 TL Salz
* 1 – 2 Eigelb
* 1 – 2 Eiweiß
* 1 l Frittieröl

Die Kirschen waschen, trocken tupfen, jeweils 3 Kirschen an den Stielen mit einem Faden zusammenbinden.
Alle Teigzutaten mit Ausnahme des Eiweißes in der angeführten Reihenfolge mit dem Schneebesen zusammenrühren, bis der Teig glatt ist. 1 Stunde stehen lassen. Das oder die Eiweiß steif schlagen und erst unter den Teig unterheben, wenn die Küchlein ausgebacken werden sollen.
Das Frittieröl auf 180 °C erhitzen. Die Kirschbündel in den Teig tunken, 2 – 3 Minuten ausbacken. Mit Puderzucker bestreut servieren.
Dekovorschlag: Kirschbaumblätter

ZWETSCHGEN-KNÖDEL

* 500 g frische Zwetschgen
* Würfelzucker

Teig:
* 1 kg Pellkartoffeln, geschält
* 2 EL Butter
* 150 g Mehl
* 2 Eier
* Salz, Muskat

Belag:
* 5 EL Butter
* 2 – 4 EL Paniermehl
* 4 – 6 EL Zucker
* ½ TL Zimt

Die Zwetschgen der Länge nach halb aufschneiden und entsteinen, je ½ Zuckerstück hineinstecken.
Teig: Die erkalteten Kartoffeln schälen und durchpressen. Die Butter flüssig machen, mit den andern Teigzutaten dazumengen. Teig durchkneten, wenn er glatt ist, zu einer Rolle von ca. 5 cm formen.
Dann vom Teig ca. 3 cm dicke Stücke abschneiden, in der Hand flach drücken, je eine Zwetschge damit umhüllen.
1 ½ l Wasser und 1 TL Salz aufkochen, die Knödel lagenweise darin ziehen lassen, bis sie obenauf schwimmen. Für den Belag die Butter erhitzen, das Paniermehl darin hellgelb rösten, Zimtzucker damit vermengen. Die Knödel darin wenden.
Sofort servieren.

Sommerrezepte mit Obst und Beeren

PEPERONATA

Paprikafrüchte waschen, halbieren, Kerngehäuse entfernen, in Streifen schneiden. In Olivenöl weich dämpfen (ca. ¼ Stunde).
Sofort in heiß ausgespülte Schraubdeckel- oder Bügelgläser (Inhalt ca. ½ l) einfüllen. Die Gläser in ein halb mit heißem Wasser gefülltes Gefäß (z. B. rechteckige Auflaufform) stellen. Im auf 150 °C vorgewärmten Backofen 1 Stunde sterilisieren, Backofen ausschalten, Gläser erst nach dem Erkalten herausnehmen. Inhalt und Datum anschreiben.
Diese Konserve kann als Suppeneinlage, als Gemüse (mit gedämpften Zwiebeln) oder als Salat (mit rohen Zwiebeln und mit Olivenöl und Rotweinessig) verwendet werden.

TOMATENSUGO

Tomaten (wenn man will, geschält) in wenig Olivenöl weich dämpfen (ca. ¼ Stunde) salzen, pfeffern, mit dem Mixstab pürieren. Sofort in heiß ausgespülte Schraubdeckel- oder Bügelgläser abfüllen. Sofort verschließen. In ein halb mit Wasser gefülltes Gefäß stellen (z.B. rechteckige Auflaufform) und im auf 150 °C vorgeheizten Backofen 1 Stunde sterilisieren. Im Backofen erkalten lassen.
Überall da zu verwenden, wo auch frische, gekochte Tomaten gebraucht werden: Fleisch- und Fisch-Saucen, speziell natürlich Spaghetti-Saucen, Suppen, Gemüsen, zu Tomaten-Risotto.

KRÄUTERSALZE

Grundrezept:
Kräuter um die Mittagszeit ernten, (sind dann am aromatischsten) waschen, trocken schleudern, fein hacken, wägen.
Mit gleich viel Meersalz vermengen. In einer zugedeckten Schüssel 3 Tage lang stehen lassen, immer wieder umrühren. Dann das Gemisch auf ein oder mehrere Backbleche schütten und im auf 50 °C eingestellten Backofen, dessen Türe man mittels eines eingesteckten Kochlöffels etwas geöffnet lässt, trocknen, bis keine Feuchtigkeit mehr darin ist. Das nun krümelige Salz zerstampfen, in kleine Gläser, wenn möglich mit Streu-Einsatz abfüllen.
Kreieren Sie Ihr eigenes Kräutersalz: Mischen kann man Basilikum mit Oregano, Majoran, Petersilie, Sellerie; Dill mit Kerbel, Petersilie, Schnittlauch.
Kathrins Tipp für Diätsalz:
Schnittlauch allein, wie oben beschrieben, als Salz konserviert, verstärkt die Würzkraft des Salzes!

HERBST

Eigentlich mochte ich den Herbst nie. Es stimmte mich traurig, wenn die Tage alle zwei Wochen um eine Viertelstunde kürzer wurden, ich hätte eine noch lange, lange während Sommerwärme vorgezogen, Mahlzeiten, die wir im Hof einnehmen könnten, Blumenpracht, die ewig währen würde. Auch jetzt überkommt mich manchmal diese Herbst-Melancholie (sogar im Augenblick, wo ich davon schreibe, und dabei ist es doch Anfang Mai!). Blumenkisten abräumen, jeden Tag Korb um Korb gefallenes Laub zusammenrechen. Das Auto mit Winterreifen versehen, den Holzstoß, der vorher an der prallen Sonne stand, vor der Küche (wo sich die Heizung befindet) aufschichten... Lauter Verrichtungen, die ich – ja – hasse! Wäre da nicht das bewährte Rezept meiner Mutter: siehe nächste Seite!!

Besinnliches im Herbst

Wenn ich in Melancholie versinken will, hebt mich die Weisheit meiner Mutter immer wieder aus dem Tief. **Weshalb über die vergangenen Tage weinen, anstatt sich über die, die vor uns liegen, zu freuen?**

Und das, was meine Augen hier zur Herbstzeit erwartet, ist eigentlich eine reine Wonne, die hauptsächlich wieder mit der Vielfalt der Bäume zusammenhängt: Eine umwerfend schöne Farbenpracht! Und wer mir das nicht glauben will, der komme und schaue selbst!

Dazu kommt noch, dass die Wetterlage im Herbst meist sehr stabil ist. Ich weiß eigentlich nur eine einzige Ausnahme in all den vielen Jahren, in denen ich hier bin. Gut: Die Sonne kommt spät. Aber wenn sie dann da ist, vergoldet sie die ganze, jeden Tag bunter werdende Welt. Und ist es nicht ein besonderer Zauber, die Kaminfeuer der Häuser im Dorf im Morgenlicht zu entdecken? Da weiß ich doch, wo jetzt noch Leute sind.

Wuschi und Orsa kontrollieren ihr Reich.

Da weiß ich auch, dass nun die Schafe und die Ziegen wieder von der Alp herunterkommen, ihr Gebimmel ums Haus herum (aber bitte, bitte nicht im Garten!) klingt. Vielleicht treffe ich auch Fabiano, der seine Schweine von der Alp herunter bringt. Eine lange Kolonne, eins hinter dem andern. Wenn ich nicht wüsste, dass ihr Weg sie jetzt nur noch zum Metzger führt, fände ich auch diesen Alpabzug hübsch. Einziger Trost: Diese Schweine hatten ein schönes, freies, gesundes Leben. Und – auch das sei gestanden – Fleisch von solchen Tieren mundet mir! Unsere Esel freut die Herbstzeit: Jetzt dürfen sie wieder frei weiden, müssen ihren Bewegungs- und Futtersuchdrang nicht auf die einzige eingezäunte Wiese beschränken.

DIE ALLERSCHÖNSTE HERBSTFREUDE

Und wenn ich schon vom „Futter" rede: Unser Abendbrot-Tisch ist jetzt wieder im Haus gedeckt. Wenn wir nicht mehr als zu Viert sind, am Kaminfeuer.

Ich werde es wohl kaum müde, die besondere Freude, die mir dieses Kaminfeuer macht, zu beschreiben: während so vieler Jahre – in meinem noch nicht umgebauten Haus – war ein Feuer an einem Kamin, der zieht, mein sehnlichster Wunsch. Noch viel größer als ein paar Jahre vorher der Wunsch nach einem Schwimmbad. In meinem alten Haus hatte es wohl einen Kamin – wie sich das für jedes rechte Tessiner Haus gehört. Aber er zog nur, wenn man die Türe oder ein Fenster offen ließ. Nur ein Mal, ein einziges Mal, mich am Feuer meines Kamins wärmen zu dürfen

Besinnliches im Herbst

– welche Wonne wäre das doch! Und heute habe ich sie jeden Abend, freue mich daran und bin dankbar dafür.

Manchmal bin ich zu dieser Jahreszeit wohl allein – aber nie einsam. Ein Feuer ist alles, was ich zu meiner Glückseligkeit brauche. Ein Kaminfeuer, in dessen Glut ich schaue, an all die lieben Freunde denke, die das Holz für dieses Feuer geschlagen, zersägt, zerhackt, aufgestapelt, umgestapelt haben. Und gleichzeitig wärmt dieses Feuer, brät mir vielleicht eine Handvoll Kastanien, spiegelt sich im Glas des roten Weines, den unser Winzer-Freund Pier-Luigi vom Weinberg in Froda-Piano gebracht hat.

Danke, Mama, für dein Gleichnis mit dem vollen und dem leeren Glas!

Manchmal denke ich, wenn ich Psychiater wäre, würde ich allen deprimierten Menschen Mamas Weisheit mit auf den Weg geben. Gewiss, es gibt Fälle, viele, viele Fälle, wo auch das nicht nützen kann. Aber versuchen würde ich es doch. Dann gibt es im Zusammenhang mit dem Kaminfeuer noch weitere Freuden: Zum Beispiel, dass Katzen und Hunde gleich wie Menschen gerne Wärme haben. Und weil das Kaminfeuer momentan die einzige Wärmequelle im Haus ist, kuscheln sie sich abends alle um uns und ums Feuer herum.

Mein Wuschi-Hund hat eine besondere, nette Gewohnheit (auf Schweizerdeutsch sagt man dem liebevoll „es Mödeli"): Auf der steinernen Bank an meinem Kamin hat es eigentlich Platz für zwei Personen. Ein Platz wird von mir besetzt, auf den zweiten Platz setzt er sich, schaut stolz in die Runde – und geht dann sofort wieder weg. Als gut erzogener Hund weiß er, dass er eigentlich nicht auf die Bank gehört. Eigentlich. Aber ein Kaminfeuer und dann noch so ein liebes Tier neben mir: Also, ich verspreche es hiermit hoch und heilig: Nein, nie, nie mehr werde ich über die Herbstzeit jammern!

> *Michael (29. September):* Michaelwein ist edler Herrenwein, Galliwein (16. Oktober) nur Bauernwein.
> *Lukas (18. Oktober):* Ist St. Lukas mild und warm, kommt ein Winter, dass Gott erbarm.
> *Katharina (25. November):* Wie das Wetter um Kathrin, so wird's den ganzen Winter sin.
> *Andreas (30. November):* Der Andreasschnee tut dem Korne weh.
> *Nikolaus (6. Dezember):* Regnet's an St. Nikolaus, wird der Winter streng und graus.

Eigentlich wäre es jedes Herbstblatt wert, in ein Poesiealbum geklebt zu werden.

Dankeschön, lieber Garten!

Froda, gegen Ende Oktober

Lieber Garten, lieber Freund,
Dein Arbeitsjahr ist bald vorbei. Meines noch nicht. Ich weiß, dass ich dich ordentlich in deine beinahe freie Zeit, den Spätherbst und Winter, entlassen soll (und will). Wie viel Freude hast du mir – auch dieses Jahr wieder – bereitet, und manchmal – auch dieses Jahr wieder – wie viele Sorgen. Nur: Für die Sorgen konntest du nichts.
Da war das Wetter schuld. Der Regen, der Setzlinge, Setzzwiebeln und Saaten wegschwemmte. Da waren die Schnecken, die mir das Leben schwer machten (aber ich versichere dir, ich habe tapfer versucht, auch ihnen Schwierigkeiten in den Weg zu legen). Da war die Trockenheit, die uns hieß, Gießkanne um Gießkanne über die Terrassen hoch und hinunter zu tragen.
Nein, über die Bürde der vollen Körbe mit all dem Erntesegen jammere ich nicht. Auch nicht über die viele Arbeit, die dieser Segen uns bei der Zubereitungsarbeit im Hof brachte. Da wurde geputzt, geschält, geschnetzelt, gequetscht, gehackt, entsteint, püriert. Dort ist es vielmehr angebracht, all den fleißigen Händen zu danken, die mir dabei halfen.
Aber dieser Brief gilt dir, lieber Garten, dir ganz allein.
Und der erste Gedanke an dich ist doch: „Was würde ich tun, wenn ich dich nicht hätte?" Eigentlich bist du so etwas wie mein Kind. Dank mir ist aus den Wiesen, die du einst warst – eben – ein Garten entstanden.
Lieber Garten, bitte verzeih mir, wenn ich dir auch eine große, eine ganz riesengroße (und vielleicht sehr dumme) Sorge anvertraue: Ich sorge mich darüber, was aus dir wird, wenn ich dich einmal nicht mehr betreuen kann. Nein, nicht weil ich das körperlich nicht mehr könnte, sondern wenn du eines schönen Tages einem andern Menschen gehörst.
Findet sich jemand, der bereit ist, die Mühen, die Schweißtropfen, die Blasen an den Händen, das

Dankeschön, lieber Garten!

Kopfzerbrechen auf sich zu nehmen – abgesehen von Kräften, die dafür bezahlt werden müssen? Findet sich jemand, der – wie ich – die Befriedigung und die hunderttausend kleinen Freuden entdeckt und schätzt, die du mir bereitest? Überwuchern die Robinien-Sämlinge die Blumen-Rabatten beim Haus?

Findet sich jemand, der – wie ich – die vielen Arbeiten überhaupt sieht, die du täglich für mich bereit hast?

Vielleicht würdest du nun sagen, das könne mir doch alles egal sein. Meine Nachbarin, die ein ganzes Stück älter ist als ich und die auch einen Garten hat, hat sich auf diese Weise geäußert. „Ich sehe es dann ja nicht mehr."

Aber sie hat ein anderes Verhältnis zu ihrem Garten. Der war seit vielen Generationen der Garten ihrer Familie. Er war immer schon da. Sie brauchten den Garten, um davon zu leben. Und sie fühlt sich einfach wie ein Glied in einer Kette von Generationen, kann nicht gleich denken wie ich. Sie hat wohl den Schweiß und die Blasen, nicht aber die Freuden des Gartens gefühlt. Ihr Arbeitsprogramm war so groß, dass keine Zeit für die Zwiesprache mit ihrem Garten und manchmal das Träumen übrig blieb. Ein großer Unterschied!

Ich denke, mir geht es wie wohl jeder Mutter, die weiß, dass sie ihr Kind irgendwann einmal allein zurücklassen muss: Außer dem Gottvertrauen, dass es ihm gut gehen möge, hat sie nicht viel Trost – es sei denn, sie wüsste das Kind in bester, aufmerksamer Obhut. Und auf die warte und hoffe ich noch! „Bhüet di Gott" – Gott schütze dich!

Deine Gärtnerin

Meine Herbstgeschichte – eine Eselsgeschichte

Diese Geschichte enthält eine Beichte! Und Beichtgeheimnisse soll der Beichtvater (oder hier auch die Beichtmutter) für sich behalten. Also bitte, liebe Leserin, lieber Leser, tun Sie das auch! Wer meine Tessiner Geschichten kennt, kennt auch Pierino, meinen Esel. Eine wichtige Person vom dritten Band an „Mit herzlichen Tessiner Grüßen." Der Name „Pierino" (= Peterchen) sagt es schon: Ein männlicher Esel. Ein Eselhengst!

Die Geschichte, wie er im Frühling des Jahres 1978 zu mir kam, habe ich schon in meinem Buch „Mit herzlichen Grüßen" beschrieben. Auch, wie unglücklich er als Allein-Esel war und wie ich – eben im Herbst –, anlässlich einer Lesung eine Eselstute als Geschenk erhielt. Meine Beichtgeschichte beginnt drei Tage vor jener Lesung: Ein Reporter der einzigen schweizerischen Boulevard-Zeitung mit einem Fotografen hatte sich damals angemeldet – und gleichzeitig unser Tierarzt mit seiner Frau. Wie das so ist: Wir genossen alle im Hof den Risotto, den meine Mitarbeiterin Susi (sie ist immer noch da!) zubereitet hatte. Wir sprachen von allem möglichen, dann schritten wir zur Tat, d.h. der Fotograf fand, das Licht sei jetzt genau richtig (oh, wie viele Fotografen sind mir wegen diesem „richtigen" Licht schon in den Ohren gelegen). Er wünschte unter anderem ein Foto zu machen, wo ich mit Pierino am Halfter bei einem Baum stand, der voller Äpfel hing. Herbststimmung pur! Malerisch, nicht wahr?

Ich stand also, lächelte pflichtbewusst in die Kamera, Pierino stand schräg hinter mir...

Macht mir denn niemand die Stalltüre auf?

PLÖTZLICH EIN SCHREI: „UM GOTTES WILLEN, ER WIRFT DICH UM!"

Pierino hatte sich – ohne dass ich das bemerkte – auf die Hinterbeine erhoben und wollte sich auf meine Schultern herunterfallen lassen. Zum Glück konnte ich den Apfelbaum noch umfassen. Zuerst erschreckte Gesichter, dann allgemeines Gelächter: Pierino hatte mich offenbar mit einer rossigen Stute verwechselt!!

Mein lieber Scholli, hoffentlich hatte der Fotograf das nicht abgelichtet. Boulevard-Zeitung und so – und ich, ehrbare Autorin von Büchern, die auch Kinder gerne lesen, mit einem brünstigen Eselhengst!! (Verstehen Sie jetzt, dass dies die Beichte einer ehrbaren nicht nur Bücherschreiberin, sondern auch Esel-Besitzerin ist?)

Nachdem der Reporter und der Fotograf sich verabschiedet hatten, setzten Herr und Frau Tierarzt, Susi und ich, uns in den Hof um Kaffee zu trinken. „Du, das Beinahe-Unglück mit deinem Esel gibt mir zu denken", sagte der Tierarzt. „Stell dir mal vor, er ist irgendwo auf der Weide (wie ich schon erzählte, dürfen die Tiere hier von Mitte Oktober bis Mitte Mai frei weiden) und er versucht dasselbe Spiel mit einem Touristen zu machen. Der fällt unglücklich, bricht sich ein

Meine Herbstgeschichte – eine Eselsgeschichte

Cora und Pierino beim Weidgang

Bein oder wird von einem Huf getroffen…". „Was soll ich denn da bloß machen? Er täte mir leid, wenn ich ihn jetzt, wo er frei laufen und rennen und weiden kann, auf der eingezäunten Weide halten müsste." „Da gibt es eine ganz, ganz einfache Lösung: Er muss kastriert werden. Dann bist du alle diese Sorgen los." „So, einfach soll das sein? Gäbe es nicht noch eine andere Lösung." „Klar, wenn er eine Stute bei sich hätte." „So klar ist das zwar in der Theorie. Aber wo soll ich für die Praxis das Geld dafür hernehmen?" Dazu muss man zwei Dinge wissen: Esel sind nicht billig – und Bücher schreiben ist lange, lange nicht so einträglich, wie viele meinen…

ICH MUSSTE ÜBERMORGEN WEG – AUF MEINE LESEREISE

Die Lösung des Problems war dringend – und schließlich bat ich den Tierarzt, diesen Eingriff vorzunehmen, wenn ich nicht da war. Einen genauen Termin konnte er mir nicht nennen, er denke aber an den nächsten Freitag, werde sich bei Susi nochmals melden. Susi fand, ich sei feige. Meine erste Lesung der diesjährigen Reise fand am Donnerstag-Abend statt – und nach dieser Lesung wurde ich von einem Käse-Fabrikanten eingeladen, der mich ganz bescheiden fragte, ob er mir eine Esel-Stute, zwar noch im Teenager-Alter, schenken dürfe! „Pierino, du bist gerettet – und ich damit auch!"

Morgens um sechs Uhr rief ich zuhause an, damit Susi den Termin mit dem Tierarzt rechtzeitig annullieren konnte. „Zu spät", sagte sie. „Er hatte schon gestern Zeit und war am Nachmittag da…"

Ich wagte es nicht, dies dem Besitzer von Nelli (so hieß das Esel-Kind) zu gestehen. Und noch weniger wagte ich es, die Geschichte, die wahre Geschichte von Pierino und Nelli in meinem Buch mit dem Bericht über die Esel-Schenkung zu gestehen. Aber hier habe ich es jetzt also getan.

Herbst-Nachrichten aus meinem Garten

Liebe Leserin, lieber Leser,
Dies ist so etwas wie ein „Editorial" meiner (hier eben zu einem Buch gebundenen) Herbst-Nachrichten. Nachrichten bedürfen einer Anrede. So wie ich es schon bei meinen Frühlings-Nachrichten gemacht habe.
Das „Gespräch über den Gartenzaun" mit Ihnen soll auch zu dieser Jahreszeit stattfinden. Nur: Der Gartenzaun ist momentan immer noch mehr oder weniger zugewachsen.

Das ist Herr Meier. 18 Jahre alt. Hier fühlt er sich wohl wie im Altersheim ...

(Sie erinnern sich: Er muss aus einem zwei Meter hohen Drahtgitter-Zaun sein wegen der Ziegen.) Feuerbohnen, Sonnenblumen, Kapuziner, Wicken, Winden, *Cobaea*, die schwarzäugige Susanne (nein, nicht die Susi, die seit vielen Jahren meine Mitarbeiterin ist, sondern eine rankende Blume, die eben so heißt) verstecken mich beinahe, wenn ich innen im Garten und sie außen am Garten stehen. Aber für Gärtner- und Gartenfreunde schiebe ich die welk werdenden Blätter beiseite.
Viel Zeit für unser Gespräch werden Sie möglicherweise auch noch nicht haben. Zu viele Arbeiten sollten jetzt erledigt werden. Darum mein Vorschlag: Anstatt am Gartenzaun treffen wir uns besser in meinem Hof. Am Steintisch. Da können wir miteinander plaudern – und gleichzeitig einen Teil des Erntesegens herrichten für die Arbeiten in der Küche.

EIN WOHLKLINGENDER AKKORD

Wenn ich meinen Betrieb (nein, ich nenne das lieber mein „Betrieblein") betrachte: Es ist so eine Art Maschine, in der die Zahnräder ineinander greifen müssen: Garten – Ernte – Küche – Keller für Vorrat oder Laden für Verkauf – Keller = Selbstversorgung oder Laden, um damit Geld zu verdienen – Tierhaltung (Einkauf von Heu und Stroh für die Esel, Futter für das Geflügel, für Hunde und Katzen), Lebensmittel, die wir nicht selbst anbauen können, Setzlinge und Sämereien für den Garten – Mist der Tiere und Haushaltsabfälle für den Kompost – Düngung des Gartens – und damit schließt sich der Kreis.
Was noch dazu kommt: Das Wissen, gesunde Lebensmittel zur Verfügung zu haben, mit Gartenarbeit etwas für die körperliche Tüchtigkeit zu tun und die Befriedigung, die mit all dem verbunden ist. Dazu kommt mein persönlicher Wunsch, all die Arbeiten, sei es im Garten oder in der Küche, im Verkauf oder sonst wo an eine jüngere Generation weiterzugeben. Wenn ich das poetisch ausdrücken darf: Das Ganze ist wie ein wohlklingender Akkord.

WENN DAS NICHT SCHÖN IST

Wenn das die Garten-Sorgen bei Unwettern, bei Trockenheit, nicht wettmacht! Wenn das

Herbst-Nachrichten aus meinem Garten

nicht über viele Alltagssorgen hinwegtrösten kann! Manch einer wird nun einwenden, dass er keinen Garten hat – haben kann. Ich denke bei solchen Einwänden immer an mehr als zehn Jahre meines Lebens in der Stadt. Ich hatte eine wunderschöne Wohnung im Dachstock eines Altstadthauses. Mit einem umwerfenden Ausblick – aber ohne Balkon und sogar ohne die Möglichkeit, auf den Fensterbrettern Blumenkisten zu befestigen.

Damals habe ich mir den Garten einfach ins Zimmer geholt. Zwischen Calla und Sanseverien, Sukkulenten und Orchideen waren auch Töpfe mit Schnittlauch, Petersilie und Basilikum. Diese möglichst nahe beim Fenster. Ja – und eine Katze hatte ich auch. Ein armes Tier, das nie ins Freie durfte, dessen höchstes Glück es war, zwischen den Blumen- und Kräutertöpfen zu sitzen und ins Freie zu schauen. Und hier muss ich Sie, liebe Leserin, lieber Leser, um Verzeihung bitten, wenn ich zwischendurch immer wieder von meinen Tieren spreche. Dies hier ist ja ein Gartenbuch. Aber – ich weiß, ich wiederhole mich – ein Garten ohne Tiere wäre wie – ja wie zum Beispiel unser Fluss, wenn darin keine Steine lägen. Mitte Oktober ist es also wieder da, das Gebimmel der Schaf- und Ziegenglocken. Für mich ist das wie Musik. Und wenn die Tiere wieder da sind, sehe ich meine beiden Nachbarn wieder öfter. Nach der Heuernte habe ich sie nur selten angetroffen. Und nun gibt es zwischendurch wieder einen Schwatz im Hof bei einer Tasse Kaffee. Früher kam dann noch der Schwatz mit Olimpios Schwester, der Emilia, dazu. Aber sie macht es wie meine alternden Katzen und Hunde: Sie verkleinert ihren Aktionsradius mit jedem Jahr. Ihre über achtzig Jahre eines von schwerster Arbeit geprägten Lebens machen ihr zu schaffen. Und treffen wir uns doch einmal, spricht sie davon,

Herbstliches Gegenlicht. Auf Schritt und Tritt bräuchte man einen Fotoapparat.

wie sehr sie sich freut, demnächst ins Altersheim zu gehen und – ich bin vor Schreck beinahe vom Stuhl gefallen – wie sehr sie sich freut, bis ich dann auch dorthin komme!!

Alle meine Nachbarn – und eigentlich auch ich selbst – kommen mir vor wie Bäume im Herbst. Mit dem Unterschied, dass diese Bäume nie mehr im Frühlingsgrün erblühen werden!

Herbstarbeiten im Nutzgarten

Für diese Kapitel habe ich mir überlegt, dass es am besten ist, die Arbeiten nach den Monaten aufgeteilt zu beschreiben, weil es doch ein großer Unterschied ist, was wir bei uns im September tun müssen und was im Oktober. Das Wetter wird sehr schnell kälter, so dass ich den Herbst nicht einfach gesamt beschreiben kann.

Wie immer: Ich mache eine Prioritätenliste. Zwar nicht mehr mit so vielen so dringenden einzeln aufzuzählenden Arbeiten wie im Frühjahr, aber bitte.

IM SEPTEMBER

- Erstes Gebot immer noch: Ernten, was reif ist. Zum Beispiel Äpfel, Birnen, Kartoffeln (sobald das Laub dürr geworden ist), Bohnen, Zwiebeln. Die Zwiebeln werden zu Zöpfen geflochten, das andere gut gelagert oder gedörrt.
- Brokkoli, Stielmangold, Neuseeländer Spinat, Spinat, Kohlrabi, Feuerbohnen-Kerne werden blanchiert und tiefgekühlt.
- Bei Bedarf Rucola, Fleischkraut, Pflücksalat und Radieschen zum Mittagstisch zubereiten.
- Bei den Tomaten die obersten Blütenansätze entfernen.
- Auf dem abgeernteten Boden Gründüngung (Senf oder Bienenfreund) ansäen oder
- Endivie und letzte Radieschen ansäen, Frühlingszwiebeln setzen. Knoblauchzehen stecken.
- Kartoffelkraut in Kehrichtsäcke abfüllen und in den Müll werfen (das Anzünden von Kartoffelfeuern ist bei uns verboten wegen der Waldbrandgefahr).
- Milchsauer einmachen tun wir Rettich, Rote Bete, Kohlrabi, Weißkohl, Rotkohl.
- Kräuter werden in Öl, Essig oder Salz konserviert.

Um das Thema „Schafmist" zu illustrieren, posieren auch noch Pierino und Cora auf dem Foto.

KOCHREZEPTE MIT FEUER-BOHNEN-KERNEN

(Frisch oder tiefgekühlt zu verwenden)

Feuerbohnen mit Speck

600 g Bohnenkerne, 3 Zweige Bohnenkraut, 125 ml Wasser, Salz, 200 g Speck, geräuchert, in Würfel geschnitten, 1 Zwiebel, fein gehackt, 1 EL Petersilie, 1 EL Basilikum, 150 ml Rahm, Pfeffer

Die Bohnen mit dem Bohnenkraut und dem Wasser ca. ½ Stunde kochen. Salzen. Die Speckwürfel auslassen, die Zwiebel darin glasig dünsten, zu den Bohnen geben, ebenso die Kräuter und den Rahm. Alles nochmals aufkochen, würzen.

Feuerbohnen mit Schweinefleisch

600 g Feuerbohnen-Kerne, 1 l Wasser, 1 Zwiebel, fein gehackt, 1 Lorbeerblatt, Salz, Pfeffer, 250 g Schweinefleisch für Gulasch, 2 EL Butterfett, 1 Zwiebel, fein gehackt
250 g geräucherte Rippchen (Kasseler), 1 Karotte, in Rädchen geschnitten, 1 Lauchstange, in Streifen geschnitten, ¼ Sellerieknolle in Scheibchen geschnitten, 1 – 2 Knoblauchzehen, gepresst, 1/8 l trockener Rotwein, 2 EL Tomatenmark, Pfeffer, eventuell Salz
Bohnen, Wasser, Zwiebel, Lorbeerblatt, Salz, Pfeffer und Schweinefleisch ca. ¾ Stunde kochen. Das Butterfett heiß werden lassen, die Zwiebel darin glasig dünsten, die Rippchen und die Gemüse darin anbraten, mit dem Wein ablöschen. Alles zu den Bohnen geben, nochmals ca. ¾ Stunde kochen. Die Rippchen herausheben. Die Hälfte der Bohnen mit dem Schaumlöffel aus der Brühe heben, in eine bebutterte Auflaufform geben, die Rippchen darauf legen, mit der zweiten Bohnenhälfte zudecken. Das Tomatenmark mit der Bohnenbrühe verrühren, würzen, über das Gericht gießen. Nochmals 1 Stunde köcheln lassen. Heiß mit dunklem Brot servieren.

IM OKTOBER

▸ Vor dem Frost rote Tomaten ernten, eventuell nachreifen lassen. Von den noch unreifen Tomaten (Rezept auf Seite 99) Chutney machen oder die Stauden mitsamt den Wurzeln aus dem Erdreich heben, kopfüber

im Keller aufgehängt die Tomaten nachreifen lassen.
▸ Tomatenpflanzen im Kehricht entsorgen (Krautfäule!!)
▸ Zucchini als Salat oder süß-sauer einmachen
▸ Brüsseler Endivien ausgraben, Kraut 1 cm über der Wurzel abschneiden, 3 – 4 Wurzeln in Blumentöpfe pflanzen, in den küh-

Mich berührt es immer seltsam, dass die letzten Blumen im Herbst, die Herbstzeitlosen, den ersten Blumen im Frühling so sehr ähneln. Was hat der liebe Gott gedacht, als er sie erschuf?

len (dunklen!!) Keller stellen. Nicht gießen! Bei Bedarf einen Topf an einen warmen, dunklen Ort (Heizung) stellen, gießen, nach ca. zwei Wochen Brüsseler Endivien ernten. Das lässt sich bis zum Frühjahr fortsetzen.

- Kürbisse ernten, an der Sonne gut trocknen, dann kühl und trocken lagern. Nach und nach für den Speisezettel verbrauchen, tiefkühlen oder einkochen (siehe Rezepte Seite 102 f.). Kerne trocknen.
- Karotten und Pastinaken ernten und einmieten.
- Stielmangold mit Nussbaumlaub abdecken.
- Lauch zur Hälfte im Garten stehen lassen. Andere Hälfte einmieten.
- Weißkohl und Rettich zu Sauerkraut verarbeiten (siehe Seite 108).
- Rosmarin entweder einpacken oder den Topf an einen kühlen, frostfreien Ort stellen.
- Trauben ernten.
- Quitten ernten, wie Äpfel lagern, solche mit Fehlern sofort verarbeiten (Rezepte siehe Seite 104 f.).

- Kiwi kontrollieren. Werden keine Früchte von Blättern zugedeckt?
- Himbeeren kontrollieren: Pro Laufmeter acht Schösslinge stehen lassen.
- Die abgeernteten Brombeerruten abschneiden, neue Triebe eventuell aufbinden.
- Nüsse täglich einsammeln, zum Trocknen an die Sonne legen.
- Kastanien sammeln.
- Letzten Rasenschnitt machen, erst eine Woche später und vor einem Regen mit Kompost düngen.
- Laub täglich zusammenfegen. Auf den Kompost geben. Achtung: Nussbaumlaub verrottet schlecht. Nicht zum Kompost geben, sondern als Bodendecker bei Sträuchern anbringen.
- Vor dem Regen Eselweiden mit Mist düngen.
- Blumenkasten siehe Seite 100 f.

GRÜNE TOMATEN

„Bitte nein: grüne Tomaten nicht wegwerfen!"
Wenn ich das meinen verschiedenen Tomatenpflanzer-Freunden in der Magadino-Ebene sage, dann lachen die sich krumm. „Nimm, soviel du willst von dem Zeug. Wir werfen sie eh anfangs Oktober weg, weil wir die Gewächshäuser räumen wollen." Oh je, wenn ich denke, was sich aus diesen Tonnen – ja Tonnen von grünen Tomaten alles machen lassen würde.

Falls ich wieder zur Welt komme, werde ich einen blühenden Handel aufbauen mit all dem, was sich aus diesen verachteten Früchten machen lässt.

In meinem ersten Buch „Kleine Welt im Tessin" habe ich geschildert, wie ich mich aus einer Finanzmisere herauswurstelte, indem ich Konfitüre aus grünen Tomaten kochte.

Lauch – auch so ein bescheidener Geselle, mal schauen, ob er sogar im Schnee noch weiter wachsen wird ...

Herbstarbeiten im Nutzgarten

Nach einem Rezept meiner Großmutter mütterlicherseits. Jenes Rezept schreibe ich hier aber nicht auf. Hier ein Rezept für Chutney.

INDISCHER CHUTNEY

1 kg Schnitzel von grünen Tomaten, geschält, 100 g Mandeln, geschält, fein gerieben, 500 g Zucker, 400 ml Weißweinessig, 100 g Rosinen, 1 TL schwarzes Senfpulver, 1 TL Salz, 2 EL Sojasauce, 1 TL weißer Pfeffer
Alle Zutaten nach und nach miteinander zum Kochen bringen. Jedes Mal durchdämpfen. Auf kleinem Feuer zu einem Mus kochen. Achtung: Rühren, brennt gerne an. Kochend in heiß ausgespülte Schraubdeckelgläser füllen, sofort verschließen.
Zu geschnetzeltem Hühnerfleisch und Trockenreis servieren.

IM NOVEMBER

- Alle Wasserleitungen entleeren.
- Gartenschläuche einsammeln, anschreiben, mit Glyzerin durchspülen, aufhängen.
- Kiwi ernten, auf Holzwolle lagern.
- Walnüsse knacken, Kerne tiefkühlen.

IM DEZEMBER

- Falls es geschneit hat, *Hamamelis* schütteln, Schnee schaufeln.
- Grüne Tomaten, Quitten und Kürbis einkochen.
- Einen bewurzelten Weihnachtsbaum im Topf rechtzeitig kaufen. Allmählich an die Wohnzimmertemperatur gewöhnen, d.h. erst im Freien stehen lassen, dann in einem hellen, kühlen Innenraum (z.B. ungeheiztes Schlafzimmer), erst an Weihnachten ins Wohnzimmer stellen.

Weißkohl heißt auf Schweizerdeutsch „Kabis". Wenn einer dumm redet, dann sagt man zu dem auch „Kabis". Hat der Weißkohl das verdient?

Und wenn wir schon beim Schweizerdeutsch sind: Rotkohl heißt hier „Blaukraut". Immer diese Schweizer mit ihren Extrawürs ... äh ... Namen!

...dafür ist der hochdeutsche „Wirsing" einfach „Chöl" = Kohl. Und fertig.

Arbeiten im Blumengarten

Die Sonnenblumen leuchten zwar immer noch – aber da und dort sehe ich eine, die, wie wenn sie sich schämen würde, den Kopf senkt, weil ihre Blütenblätter welken. Nein, abschneiden würde ich sie nie und nimmer. **Ich** habe mich an der Blüte gefreut. Und bald werden die Vögel ihre Freude daran haben. Jedem das Seine und zu seiner Zeit!

KATHRINS TIPP

Auch ein Vorteil der Arbeiten im Garten ist es, dass ich lerne, voraus zu denken. Was nützt es mir noch, wenn es mir erst jetzt einfällt, dass ich es vergessen habe, im Sommer zum richtigen Zeitpunkt die zweijährigen Blumen anzusäen, die ich nächstes Jahr gerne blühend im Garten hätte? Und wenn ich schon das Voraus-Denken für den Garten lerne, dann überträgt sich das auch auf meine andern Tätigkeiten. Und wie oft war ich schon froh darüber!

Bald werde ich auch unsere Handelsgärtnerin wieder aufsuchen. Sie wird ihre Treibhäuser gefüllt haben mit Chrysanthemen, Astern und Stiefmütterchen.

In der Herbstzeit kreuzt auch unsere Freundin Hanni auf. Sie bringt frischen Wind und Elan in unser Haus. Meist ist es so, dass sie vor und nach dem „Kastanienkurs" ein paar Tage hier weilt und vor allem im Garten vor und am Haus wirkt: Balkonkisten wegräumen, Fuchsien zurückschneiden und wegräumen, Blumenrabatten ein letztes Mal von Unkraut säubern, Rasen ein letztes Mal mähen und – ich weiß, das macht sie mit Leidenschaft – Stiefmütterchen pflanzen! Gerade jetzt beschließe ich, nächsten Herbst die Seilbahn-Ladungen von Stiefmütterchen-Pflanzen zu zählen, die wir brauchen, um das Haus herbstlich herauszuputzen (wie viel die Setzlinge jeweils kosten, weiß ich – aber ich sage es nicht!).

Und dann kommen unsere Kastanienkurs-Frauen. Hanni wird jetzt für eine Woche die Wanderleiterin sein. Die Frauen suchen wandernd Kastanien, die dann – im zweiten Kursteil – unter meiner Führung zu allerlei Kastanien-Suppen, -Gemüsen, -Desserts und sogar Brot verarbeitet werden.

Und wenn der Kurs beendet ist, bindet sich Hanni wieder die Gärtner-Schürze um und verrät mir, was sie jetzt noch für Blumen-Vorschläge hätte!

WEITERE ARBEITEN IN MEINEM GARTEN SIND

- Verblühte Blumen abschneiden oder sich versamen lassen.
- Frostempfindliche Balkonpflanzen abräumen: Fuchsien zurückschneiden. Gera-

Dahlie aus Nachbars Garten. Meine Dahlien haben die Schnecken gefressen. Jetzt bin ich neidisch.

Arbeiten im Blumengarten

Dahlien überwintern
1. Knollen ausgraben, Zweige zurückschneiden. Wenn Blüten und Laub der Dahlien welk sind, den Wurzelstock mit der Grabegabel samt den Knollen ausgraben. Die Sprossteile auf etwa 5 cm zurückschneiden und nicht die Erde am Wurzelstock entfernen.

2. Erde entfernen. Pflanzenstock für einige Tage in eine größere Kiste, die mit Zeitungspapier ausgeschlagen ist, an einen trockenen Ort im Garten stellen. Ist die Erde, die zwischen und an den Knollen verblieben ist, vollständig trocken, diese von den Knollen abstreifen.

3. Kühl und trocken überwintern. Knollenstöcke während der Wintermonate ruhen lassen. In einer mit Zeitungspapier ausgelegten Kiste ausgebreitet in einem trockenen, sehr kühlen (um 0 °C) Raum (Keller, Gewächshaus, Schuppen) lagern.

nien etwas einkürzen, Weihrauch ganz zurückschneiden. An einem hellen, frostfreien Ort so einlagern, dass alle Pflanzen mit der Gießkanne erreichbar sind. Einjährige Balkonblumen wegräumen, Pflanzen gehäckselt auf den Kompost geben, Erde in den Blumenrabatten rings ums Haus verteilen.

- Dahlien- und Begonienknollen zum Trocknen in die Sonne legen. Lilienknollen, Tulpen-, Hyazinthen-, Krokus-, Iris- Winterlings-, *Scilla*- und *Muscari*-Hyazinthen-Zwiebeln jetzt setzen (letztere auch außerhalb des Zauns. Esel, Schafe und Ziegen mögen die nicht).
- Aufgeräumt werden muss zu guter Letzt auch noch. Klar, dass ich meinen Garten ganz schön aufgeräumt schlafen lege!

Zum Thema „Herbst und Blumen" gehören auch die Blumen erwähnt, die zwar nicht in meinem Garten, aber auf dem Friedhof blühen. Ich habe dort kein Grab zu pflegen – aber wenn ich um diese Jahreszeit beim Friedhof vorbeigehe und ihn mir anschaue: Ich glaube, jede Familie wetteifert mit der andern, wessen Grab an Allerheiligen und Allerseelen den schönsten Blumenschmuck aufweist. Astern und Chrysanthemen – der ganze Friedhof ist ein einziges Blumenmeer. Und mir tut es leid, daran zu denken, wie bald der Frost dieser Pracht ein Ende machen wird.

Und jetzt hebt meine Mutter mahnend den Finger: „Denk an das halbvolle und das halbleere Glas!"

Aber gerade im Herbst vergesse ich das manchmal. Leider!

Des Gärtners Unglück ist des Fotografen Glück: Porträt einer Werre.

Kürbis – ein Universalgenie

Manchmal bin ich versucht, einen Kürbis zu streicheln! (Bitte nicht lachen, es ist mein Ernst). Bescheiden ist er, irgendwie gutmütig. Große Ansprüche hat er an mich nicht gestellt. Den richtigen Standort auf dem Komposthaufen, viel Sonne, viel, viel Wasser – mehr hat er von mir nicht gewollt. Nicht einmal jäten musste ich um ihn herum. Seine Blätter haben das Unkraut ferngehalten. Einmal sind seine Ranken am Zwetschgenbaum hochgeklettert. Drei Kürbisse, drei orangefarbene Sonnen, hingen am Baum. Schade, dass ich das damals nicht fotografiert habe.

„Was hast du denn mit all deinen Kürbissen vor?", wunderte sich damals meine Nachbarin. „Du willst doch nicht Futter für unsere Schafe pflanzen. Oder fressen sie deine Esel etwa?" „Wart's ab, ich bringe dir dann ein Muster", sagte ich. Nach unserer ersten Kürbis-Konfitüre-Orgie (ich weiß noch, es waren über achtzig Gläser) brachte ich ihr drei verschiedene Sorten dieser Leckerei. Sie nahm mein Geschenk mit sehr, sehr skeptischer Miene an...

...und im Jahr darauf prangten auch auf ihrem Komposthaufen Kürbisse – nachdem sie mich um meine Rezepte gebeten hatte...

Aber nicht nur Konfitüre und süß-sauer eingemachte Kürbisse sind eine Delikatesse. Eigentlich gehörte das erste Rezept auf folgender Seite in das Sommer-Kapitel, denn dafür braucht man Kürbis-Blüten (auch Zucchini-Blüten lassen sich so verarbeiten).

KÜRBIS-BLÜTEN-KÜCHLEIN

16 Kürbis-Blüten mit langen Stielen, Teig: 150 g Mehl, 200 ml Bier oder Apfelsaft, 1 EL Sonnenblumenöl, 1 TL Salz, Frittieröl

Die Blüten sorgfältig waschen, trocknen.
Die Teigzutaten mit dem Schneebesen verrühren, bis der Teig glatt ist. ½ Stunde stehen lassen. Die Blüten in den Teig tunken und im auf 180° C erhitzten Öl einige Minuten backen.

GEFÜLLTER KÜRBIS

1 kleiner Kürbis, ca. 1 – 1 ½ kg schwer, ca. 2 l Wasser, 1 TL Salz
Füllung: 2 EL Butter, 1 Zwiebel, fein gehackt, 500 g Champignons, blättrig geschnitten, 2 EL Petersilie, gehackt, Salz, Pfeffer, 4 EL Rahm

Den Kürbis schälen, querdurch halbieren, die Kerne auskratzen.
Wasser und Salz aufkochen, die Kürbishälften darin ca. 10 Minuten kochen.
Füllung: Die Butter zergehen lassen, die Zwiebel glasig dämpfen, Pilze und Petersilie beigeben, 5 Minuten dämpfen, würzen.
Rahm beigeben. Die Kürbishälften damit füllen, im auf 150 °C vorgewärmten Ofen ca. 20 Minuten garen.

KÜRBIS-KONFITÜREN

Grundrezept: Kürbis zerteilen, schälen, Kerne auskratzen, auf einer groben Reibe raffeln.
1 kg Kürbisschnitzel, Saft von 1 Zitrone, 1 kg Zucker, 1 Geliermittel

Die Kürbisschnitzel knapp mit Wasser bedeckt weich kochen (ca. ½ Stunde) Zitronensaft beigeben. Zucker und Geliermittel beigeben. Zur Gelierprobe kochen.
Varianten:
Kürbis mit geraffeltem Ingwer (Menge je nach gewünschter Schärfe) oder abgeriebene Schale von Zitronen und/oder Orangen von Anfang an mitkochen. Oder der fertigen Konfitüre 2 – 3 EL Whisky, Zwetschenwasser, Amaretto oder Grand Marnier beigeben. Sofort abfüllen und verschließen.

BROT MIT KÜRBISKERNEN

Getrocknete Kürbiskerne schälen ist ein mühsames Geschäft! Ich gestehe: Wir haben dieses Brot so gerne, dass ich es aus gekauften Kernen mache. Aber ich empfehle es zur Nachahmung:
1 Hefewürfel, 100 ml Wasser, 1 kg Dinkel-Vollkornmehl, 100 g Kürbiskerne, 28 g Salz, ca. 650 ml Wasser

Den Hefewürfel im Wasser auflösen.
Das Mehl in eine Schüssel geben, eine Vertiefung machen, die Hefe-Wasser-Lösung hineinschütten. Den Vorteig ¼ Stunde gehen lassen.
Unterdessen die Kürbiskerne in der Bratpfanne ohne Fettzugabe rösten. Abkühlen lassen.
Das Salz und die Kürbiskerne dem Schüsselrand entlang zum Mehl streuen. Nach und nach das Wasser beifügen und gut unterkneten. Es muss ein relativ feuchter Teig entstehen.
Zugedeckt 2 Stunden gehen lassen, dann in zwei beölte Kastenformen von je ca. 30 cm Länge geben.
Mit Kürbiskernen bestreuen.
Nochmals ½ Stunde gehen lassen. Den Backofen auf 200 °C vorheizen, das Brot ca. 1 Stunde backen. Sofort aus der Form nehmen.

Den Quitten-Segen meistern

Quitten, die Flecken oder Risse haben, verarbeite ich sofort: Früchte abreiben, waschen, alle verdorbenen Teile wegschneiden. Den Rest mitsamt der Schale und dem Kerngehäuse zerschneiden. Wägen. Mit Datum, Gewicht und Inhalt angeschrieben tiefkühlen. Das Einkochen geschieht, wenn der Garten schläft.

Intakte Früchte lagere ich noch einige Tage, damit sie nachreifen können. Nachher gehe ich gleich mit ihnen vor wie oben beschrieben. Natürlich kann ich sie auch sofort verarbeiten:

GRUNDREZEPT QUITTENSAFT (FÜR GELEE ODER SIRUP)

Die Quittenschnitze knapp mit Wasser bedeckt weichkochen (30–40 Min.). Einige Stunden stehen lassen (der Saft wird dann rot).

Dann gehe ich nach „Großmutter-Art" vor. Ich stelle einen Stuhl mit den Beinen nach oben auf den Küchentisch. Das nass gemachte Filtertuch wird lose über die Stuhlbeine gelegt und so festgebunden, dass in der Mitte eine Vertiefung entsteht. (Ich nehme dafür Büro-Gummiringe, die ich ganz satt um die Beine schlinge.)

Darunter wird eine große Schüssel gestellt. Ich gieße das Fruchtmus ins Tuch und lasse den Saft über Nacht durchlaufen.

Da mein Gelee schön klar sein soll, drücke ich das Tuch nicht aus. Den ausgedrückten, trüben Saft gebe ich dann zu Quittenschnitzen, die ich für Quittenmus verwende.

GRUNDREZEPT FÜR QUITTENMUS

(für Marmelade, Quittenbrot oder Desserts)

Entweder die Rückstände von der Saftherstellung verwenden oder wie oben beschrieben die Quittenschnitze knapp mit Wasser bedeckt weichkochen (ca. 30–40 Min.). Den Quittenbrei durch die Flotte Lotte treiben (diese jeweils nur zur Hälfte füllen). Schalen und Kerngehäuse bleiben in der Flotten Lotte zurück und kommen auf den Kompost.

GRUNDREZEPT QUITTENGELEE

Dafür benötige ich den oben erwähnten Quittensaft.

Hier ziehe ich heute die moderne Einkochmethode mit Geliermittel vor. Aroma und Vitamine bleiben besser erhalten.

Die benötigten Saft- und Zuckermengen vari-

Quittengelee „Großmutter-Art". Wie es die schöne Farbe bekommt? Siehe Rezept (rechts).

Den Quitten-Segen meistern

Hätte der Quittenbaum Nadeln an Stelle der Blätter, der Weihnachtsbaum stünde fertig geschmückt da, schon im Oktober.

ieren je nach Geliermittel. Die auf der Packung des Mittels angegebenen Mengen genau einhalten!

Ein extra-gutes und noch schöner rotes Gelee kann man machen, wenn man ¼ der Saftmenge durch trockenen Rotwein ersetzt!

QUITTENBROT

1 kg Quittenmus, eventuell 100 g Brombeeren (wegen der Farbe!), 900 g Zucker, Saft von 2 Zitronen, ca. 5 EL Zucker

Quittenmus und eventuell Brombeeren, Zucker und Zitronensaft ca. ½ Stunde kochen bis sich das Mus von der Pfanne löst. Ständig rühren! Die zweite Zuckerportion auf einem Backblech verteilen. Das Mus etwa 1 cm dick darauf streichen. An einem warmen Ort mehrere Tage lang trocknen. Mit Weihnachtsbrötchen-Förmchen (Sterne, Herzen etc.) ausstechen. Mit der Zuckerseite nach oben, lagenweise mit Pergamentpapier bedeckt längere Zeit haltbar.

QUITTENMARMELADE

Auch hier: Ich ziehe die Einkochmethode mit Geliermittel vor. Mengenangaben für Quittenmus, Zucker und Geliermittel siehe Anweisungen auf der Packung. Verfeinern kann ich diese Marmelade durch Zugabe von: zum Beispiel 2 EL Zitronensaft/kg Mus oder 2 EL Zitronensaft plus 2 EL Quittenschnaps/kg Mus, oder 2 EL Whisky/kg Mus und niemand kann mich hindern, noch mehr Varianten zu erfinden.

Ernten und richtig lagern

Wichtig: Schon im Sommer darauf bedacht sein, Gemüse, Kräuter und Früchte, die sich sterilisieren oder dörren lassen, wenn möglich nicht tiefgekühlt aufzubewahren.

STANGENBOHNEN DÖRREN

Nicht nur ich allein bin der Meinung, dass gedörrte Bohnen eigentlich noch besser sind als frisch geerntete. Sie schmecken eben noch „bohniger" und haben zudem den großen Vorteil, dass sie – in einem Stoffsäcklein an einem kühlen trockenen Ort aufgehängt – jahrelang haltbar sind. Wie man Bohnen dörrt, können Sie auf den Bildern sehen. Kochen: Die gedörrten Bohnen über Nacht einweichen. Das Einweichwasser abschütten. Gleich wie frische Bohnen kochen, aber eine um ein Drittel verlängerte Kochzeit berechnen. Übrigens: Auch **Zucchini** kann man dörren. Sie werden – je nach Größe mit oder ohne Schale – in 1 cm dicken Scheiben – ohne vorheriges Blanchieren – gleich wie Bohnen gedörrt und vor dem Kochen eine Stunde in lauwarmem Wasser eingeweicht.

Bohnen trocknen
1. Die frisch geernteten Bohnen putzen, ganz belassen.

2. Einige Minuten in Salzwasser blanchieren, abtropfen lassen, auf ein oder mehrere Backgitter schütten.

3. Im Dörrapparat oder im Backofen bei 50 °C (Backofentüre mit Hilfe eines Kochlöffels etwas offen lassen!) so lange trocknen, bis sie beim Zerbrechen knacken.

4. Lagerung an einem trockenen, luftigen Ort in Papier- oder Stoffsäckchen.

GEDÖRRTE APFELRINGE

Äpfel schälen, das Kerngehäuse mit einem Ausstecher entfernen, die Äpfel quer über in Ringe schneiden, diese 10 Minuten in kaltes Salzwasser legen (1 EL Salz in 1 l Wasser auflösen), die Ringe entweder im Dörrapparat trocknen oder mit Abstand auf einen dünnen Stab aufreihen oder, ebenfalls mit Abstand, an einer Schnur anbinden, an einem kühlen, luftigen Ort trocknen lassen.
Kochen: 600 g Kartoffeln und 400 g Apfelringe mit wenig Salzwasser und einem Stück geräuchertem Speck weich kochen.

KRÄUTER TROCKNEN

Ernten an einem sonnigen Tag gegen die Mittagszeit. Nur ganz einwandfreie Pflanzen verwenden! Wenn möglich nicht waschen. Zu lockeren Sträußen binden, dabei mit der Schnur eine Schlaufe knüpfen. An einem luftigen, trockenen, schattigen Ort aufhängen. Wir machen das unter dem Dach der Seilbahn.

KRÄUTER IN ÖL KONSERVIEREN

Am besten eignen sich Liebstöckel vor der Blüte und Basilikum vor der Blüte. Die Kräuter wenn möglich nicht waschen, sonst aber ganz gut trocken schleudern. Fein hacken. In die Küchenmaschine oder den Mixer füllen, gut einpressen, so viel Olivenöl dazugeben, dass das Messer gut greift. Den Kraut-Pesto in kleine Schraubdeckelgläser füllen. Oben einen freien Rand lassen. Über Nacht stehen lassen, andertags noch ½ cm hoch Olivenöl einfüllen. Die Gläser verschließen, Inhalt und Datum anschreiben, dunkel, kühl und trocken aufbewahren.

Kräuter zu lockeren Sträußen binden und an einem luftigen Ort trocknen.

NICHT ALLE KRÄUTER EIGNEN SICH ZUM TROCKNEN! EMPFEHLENSWERT SIND	
Name	Erntezeit
Majoran	ab Juni
Pfefferminze	vor der Blüte
Rosmarin	ab Mai/Juni
Salbei	ab Mai/Juni
Thymian	vor der Blüte
Zitronenmelisse	vor der Blüte

KRÄUTER IN SALZ

Kräuter lassen sich gut in Salz konservieren. Das habe ich auf Seite 85 beschrieben.

ZWIEBELZÖPFE FLECHTEN

Sobald die Stängel der Zwiebeln vertrocknet sind, die Zwiebeln während einiger Sonnentage mitsamt den Stängeln zum Bespiel auf

Steinplatten ganz gut trocknen. (Während der Nacht in einem Raum aufbewahren.) Zwiebelzöpfe flechten. Dazu die Zwiebeln der Größe nach ordnen. Mit Hilfe einer Schnur entweder gleichmäßig große oder zuerst die großen, dann immer kleinere Zwiebeln zu einem Zopf vereinen. Die Schnur oben am Zopf zu einer Schlaufe knüpfen. Die Zöpfe auf einer Stange aufgereiht an einem kühlen, trockenen, dunklen Ort aufbewahren.

GEMÜSE EINMIETEN

In Mieten kann man Karotten, Pastinaken, Lauch und Kohl überwintern.

Karotten in Sand einmieten. Sie brauchen so keinen kostbaren Platz in der Tiefkühltruhe.

Kontrolle: Der Lauch ist im Schnee noch gewachsen.

Miete im Frühbeet: Lauch, Rosenkohl und Federkohl ertragen auch den Aufenthalt im Garten oder im nicht benutzten Frühbeet.

GEMÜSE MILCHSAUER EINMACHEN

Übervolle Tiefkühltruhen haben (bei mir wenigstens) auch Vorteile: Ich frage mich, wie man es früher gemacht hat. Zu einer Zeit, wo die Haltbarmachung der Lebensmittel eigentlich eine Frage des Überlebens war. Dörren ist wohl die älteste Form des Konservierens. Aber wer hat herausgefunden, dass man Gemüse einsäuern kann? Das Sterilisieren könnte (ich sage „könnte", weil ich nirgends einen Hinweis gefunden habe, seit wann man diese Technik kennt) aus der Zeit von Louis Pasteur stammen – könnte aber auch älter sein...

Die Möglichkeit des Einsäuerns hat bei mir vor vielen Jahren zu eigentlichen „milchsauren Orgien" geführt: Ich bekam einen wunderschönen Sauerkrauttopf geschenkt, der dann entsprechende Sauerkrautmengen für den darauf folgenden Winter ermöglichte.

Aber: Heute sind wir abwechslungsreichere Speisezettel gewohnt als zu jenen Zeiten, wo es im Winter eben nur noch milchsaures Gemüse gab.

Empfehlung: Es lässt sich ja nicht nur Weißkohl einsäuern. Rote Bete (braucht man, um einen echten Russischen Bortsch zu kochen), Knollensellerie, Kohlrabi, Karotten, Rettich, Rotkohl und Fenchel. Je nach Gemüseart gebe ich unterschiedliche Gewürze bei und verwende einen, höchstens 2 TL Salz für 700 g Gemüse. Auch Bohnen eignen sich für diese Konservierungsmethode. Ich ziehe hier aber gedörrte Bohnen bei weitem vor. (Und zu viel milchsaures Gemüse auf dem Speisezettel ist auch langweilig.)

Dank einem Landfrauen-Rezept weiß ich,

dass sich auch kleine Gemüsemengen in 1 l Einmachgläsern mit Schraubdeckel einsäuern lassen. Man muss jedes Glas einzeln prüfen, ob es sich wirklich luftdicht verschließen lässt, das heißt, man füllt die vorgesehenen Gläser mit Wasser, verschließt sie und stellt sie auf den Kopf. Man darf nur solche Gläser verwenden, aus denen kein Wasser austritt. Nicht mehr als 700 g Gemüse in das Glas füllen! (deshalb die Mengenangabe von 1 – 2 Teelöffel Salz/700 g Gemüse).

Das einzusäuernde Gemüse wird sauber geputzt, möglichst fein geschnitten, gehobelt oder gerieben, dann gesalzen und eventuell einem Gewürz (siehe Tabelle Seite 110) in einem ganz sauberen Gefäß mit einem Kartoffelstößel so lange gestampft, bis Saft austritt. Die auf Luftdichtigkeit geprüften 1 l-Gläser werden mitsamt dem Deckel unmittelbar vor dem Einfüllen des Gemüses mit einer Essig-Salz-Wasserlösung (1 EL Essig, 1 EL Salz, 1 l kochendes Wasser) ausgespült. Das Glas darf nicht mehr als zu 4/5 gefüllt werden. Das Gemüse muss vom Saft bedeckt sein. Eventuell kann man kochendes Wasser oder – noch besser – etwas Molke nachfüllen. Molkenpulver erhält man im Reformhaus. Bitte Gebrauchsanweisung für die Verdünnung beachten.

Die Gläser werden sofort gut verschlossen. Man stellt sie eine Woche lang an einen warmen dunklen Ort (z.B. neben den Ofen). Dann bewahrt man sie im Keller auf. Das Gemüse ist nach 4 Wochen essbereit. Es lässt sich auch roh als Salat verwenden.

UND DAS KOCHREZEPT FÜR ALLE DIESE GEMÜSE

1 Glas Gemüse, 1 Apfel, fein gerieben, ¾ L Wasser, 1 rohe Kartoffel, fein gerieben Gemüse, Apfelmus und Wasser 1 Stunde köcheln, das Kartoffelmus beigeben, nochmals ½ Stunde kochen. Achtung: Eventuell noch etwas Wasser oder Weißwein beigeben. Gelegentlich umrühren, brennt gerne an.

KATHRINS TIPP

Kartoffeln lagere ich im Keller mit Naturboden. Frisch geerntete Kartoffeln werden z. B. auf einem warmen Steinplattenboden während einiger Sonnentage im Hof zum Trocknen ausbreitet. Nachts jeweils in einem warmen Raum aufbewahren. Saatkartoffeln beiseite legen und im Keller mit Naturboden möglichst dunkel lagern. Zum Verzehr bestimmte Kartoffeln gleich aufbewahren, jedoch einmal wöchentlich bewegen. Damit verzögert man die Keimzeit. Wer keinen guten Lagerkeller hat, bewahrt die Kartoffeln in Plastiksäcken möglichst dunkel und kühl auf. Wichtig: Die Kartoffeln müssen gesund, richtig reif und gut abgetrocknet sein.

Wäre das gemalt worden, hieße der Titel des Bildes: Kräuter in Öl im Gegenlicht.

Herbst

MILCHSAURES GEMÜSE MIT GEWÜRZEN EINLEGEN (MENGEN FÜR JEWEILS 700 G GEMÜSE)	
Weißkohl	1 EL Wacholder, 1 EL Kümmel, 2 EL Zucker, 2 TL Salz
Rotkohl	2 Gewürznelken, 1 EL Kümmel, 1 EL Zucker, 2 TL Salz
Rote Bete	3 EL Meerrettich, gerieben, 3 Nelken, 2 mittelgroße, gehackte Zwiebeln, 1 Knoblauchzehe, gepresst, 1 TL Salz
Knollensellerie	4 EL Dill, fein gehackt, 1/4 l Wasser, 1 TL Salz
Kohlrabi	1 EL Korianderkörner, 1 TL Pfefferkörner, 3 Lorbeerblätter, 1 TL Salz
Karotten	1 Zwiebel, gehackt, 2 Knoblauchzehen, gepresst, 1 TL Korianderkörner, 1 TL Salz

TIEFKÜHLEN

Wenn mich jemand über den Gartenzaun fragen würde, welche Konservierungsart ich vorziehe: Tiefkühlen ist wohl am praktischsten. Aber ich bedenke immer die Gefahr, dass ein längerer Stromunterbruch meine Tiefkühlvorräte verderben lassen könnte. Deshalb ziehe ich Dörren, in Öl oder Essig Einlegen, milchsauer Einmachen oder Sterilisieren eigentlich vor. Ich komme jedoch nicht darum, sowohl eine Tiefkühltruhe als auch einen Tiefkühlschrank zu besitzen. Wobei ich den Schrank bei weitem vorziehe, weil ich hier das Tiefkühlgut übersichtlicher lagern kann. Aber: Wir würden niemals so viele Beeren zu Marmelade verarbeiten, im Winter nicht so viel „frisches" Gemüse aus dem Garten haben, wäre die Möglichkeit des Tiefkühlens nicht. Abgesehen von der Lagerung von Lamm-, Zicklein- und Schweinefleisch, das ich meinen Nachbarn abkaufe.

Woran ich mich strikt halte: Einmal Aufgetautes nicht wieder tiefkühlen. Geschieht dieses Missgeschick bei rohem Fleisch: Ich koche oder brate es. Dann darf ich es wieder einfrieren.

Zum Verpacken flüssigen Tiefkühlgutes verwende ich Behälter aus Polyäthylen (Vorsicht beim Abpacken: Gefäße immer nur zu ¾ füllen. Flüssiges Tiefkühlgut dehnt sich aus). Festes Gut wird in Tiefkühlbeuteln verpackt, die möglichst luftfrei flach zugeschweißt werden. Dies ist die platzsparendste Methode.

Ehrensache ist es, jedes Behältnis anzuschreiben mit Inhalt, Gewicht und Datum.

Beeren: Lose auf Kuchenbleche legen, 1 Tag tiefkühlen, entsprechend abgewogen in Tiefkühlbeutel packen. Vorteil: Eventuell kann nur ein Teil der Beeren entnommen werden.

Gemüse allgemein: Putzen, eventuell schälen, in gewünschte Größe zerschneiden, eventuell reiben, entsprechend abgewogen in Tiefkühlbeutel packen.

Kräuter: Basilikum, Liebstöckel, Salbei, Oregano, Estragon und Bärlauch verlieren ihren Geschmack, wenn sie tiefgekühlt werden. Also in Öl oder Essig konservieren (siehe Seite 106). Dagegen eignen sich Schnittlauch, Dill und Petersilie sehr gut dafür. Waschen, gut trocknen, fein hacken, in kleine Dosen abfüllen. Wenn ich dann im Winter solche Kräuter der Dose entnehme und direkt in die Salatsauce oder über das Gemüse streue, denke ich immer schnell an den Sommer, als wir im Hof saßen und Kräuter hackten.

Auch Rosmarin lässt sich gut tiefkühlen. Entweder nur die Nadeln oder auch die ganzen Zweige. Nachteil: Die Nadeln sind schwarz.

Interessant zu wissen: **Waldmeister** (mit dem ich einen Essig mache) hat tiefgekühlt ein viel stärkeres Aroma, als wenn man ihn frisch gepflückt verwendet.

KÜRBIS TIEFKÜHLEN

Für Marmelade:

Kürbis lässt sich ja – kühl und trocken aufbewahrt, relativ lange lagern. Manchmal fehlt es mir aber an Arbeitskräften, manchmal entdecke ich einen angeschlagenen Kürbis, der zu faulen beginnt, und habe gerade keine Zeit zum Einkochen, dann bleibt nur noch das Tiefkühlen übrig. Will ich den Kürbis für Marmelade verwenden, dann reibe ich ihn auf der Rösti-Reibe in grobe Schnitzel, wäge jeweils 2 kg ab, fülle flach in Tiefkühlbeutel, die mit Inhalt, Gewicht und Datum angeschrieben tiefgekühlt werden.

Für Risotto:

Ebenfalls grob geraffelt, aber in 500 g (für 4 Personen) Portionen abpacken.

Für Kuchen:

Fein geraffelt in 250 g-Packungen: Rezepte siehe Seite 103

STERILISIEREN

Auch hier: Nur einwandfreies Einmachgut gewährt schließlich haltbare Konserven.

Obst, das angeschlagen oder beschädigt ist, nicht sterilisieren, besser zu Konfitüren verarbeiten (natürlich ganz sauber geputzt).

Tipp: Bohnen soll man nicht sterilisieren! Es besteht die Gefahr, dass sich bei nicht ganz einwandfrei schließenden Gläsern ein Bazillus (Botulinus) entwickelt, der tödlich wirken kann. Bohnen also besser tiefkühlen, milchsauer einmachen oder dörren.

Gläser und Flaschen, inklusive deren Verschlüsse, müssen ganz sauber gewaschen sein! Die Deckel spült man vor dem Verschließen mit hochprozentigem Alkohol (z.B. Rum).

Falls man Gläser mit Bajonettverschluss und Gummiring verwendet: Die Ringe prüfen. Sie müssen elastisch sein. In heißes Wasser legen, vor Gebrauch mit einem sauberen Küchentuch abtupfen. Achtung: Es dürfen keine Stoff-Fasern hängen bleiben!

Ehrensache: Jedes Glas mit Inhalt, eventuell Gewicht und Datum anschreiben!

Heutzutage besitzt man kaum mehr einen eigentlichen Sterilisiertopf. Ersatz: Zu sterilisierendes Einmachgut in eine rechteckige Auflaufform stellen. Die Gläser sollten möglich gleich groß sein. Die Form zur Hälfte mit heißem Wasser füllen.

In 500 ml-Gläsern:

- Beeren sterilisiert man ½ Stunde bei 90 °C,
- Steinobst (Kirschen, Zwetschgen) ¾ Stunde bei 90 °C
- Kernobst (Quitten, Birnen) 1 Stunde bei 100 °C.
- Die Gläser jeweils zum Abkühlen im Backofen belassen.

Karotten für Salat tiefkühlen: Falls noch etwas Platz in der Kühltruhe übrig wäre: Karotten fein raffeln, in 500 g-Tiefkühlsäcken flach verpacken, mit Inhalt und Datum anschreiben. Über Nacht im Kühlschrank aufgetaut, kann man im Winter damit einen Karottensalat machen, dem niemand anmerkt, dass er nicht von ganz frischen Karotten stammt.

Herbstarbeiten ums Haus und im Stall

Wer Bäume beim Haus hat, weiß es: Bäume machen Arbeit – viele schon im Frühjahr, wenn die Blüten abfallen, viele im Frühjahr und Herbst. Dann ergeben sich Arbeiten, für die man vielleicht sogar einen Handwerker zuziehen muss, zum Beispiel durch Blätter verstopfte Regenrinnen reinigen. Aber ich würde mich deswegen nie beklagen. Meine Bäume geben mir so viel, dass ich – wie für alles im Leben – dafür einen Preis zu bezahlen habe. Im Herbst ist dieser Preis sogar ziemlich erheblich: Täglich Nussbaumblätter im Hof wegfegen, diejenigen Blätter wegtragen, die ich nicht einfach nur um die Umfassungen herumlege als Winterschutz für all die Blumen und Sträucher, die den Mauern entlang wachsen.

Die später fallenden Lärchennadeln wandern auf den Kompost. Eigentlich sollte ich einmal zählen, wie viele Körbe voller „Baumabfall" wir im Laufe eines Herbstes wegräumen...

Übrigens: Letztes Jahr habe ich eine interessante Beobachtung gemacht: Mein Nussbaum trug immer noch ein gutes Viertel der jeden Tag welker werdenden Blätter. In der Nacht sank die Temperatur auf etliche Grade unter Null. Am nächsten Morgen, in dem Moment wo die ersten Sonnenstrahlen den Baum trafen, fielen alle restlichen Blätter innerhalb einer Viertelstunde. Wir standen knietief darin und freuten uns über den raschelnden Blätterfall. Und dann genügte es, den Hof noch ein letztes Mal zu fegen. Der Blätterzauber war vorbei.

Irgendwo habe ich gelesen, dass Rasenflächen dem Gärtner am

Mein Stolz: das eigene Brotbackhäuschen

Herbstarbeiten ums Haus und im Stall

Hunde können aufmerksame Zuhörer sein.

meisten Arbeit abfordern. Bei mir ist das nicht so – weil meine Rasenflächen kaum erwähnenswert sind. Ganz ohne Pflege geht es auch hier nicht ab. Ich dünge aber nicht mit Rasendünger sondern – wie überall – mit Kompost.

Ich habe auch schon beobachtet, dass ganz pingelige Hausfrauen und Gärtnerinnen das vertrocknete Farnkraut im Herbst abschneiden. Das muss bei mir nicht sein – bin ich mir doch nicht so ganz sicher, ob Farnkraut-Wurzeln nicht auch dankbar sind für ein bisschen Winterschutz. Besonders wenn sie in den Mauerritzen wachsen. In Zweifelsfällen lasse ich solche „Aufräumarbeiten" liegen und schaue, wie die freie Natur solche Probleme löst.

DIE HERBSTARBEITEN IM STALL

Die Esel, die wieder in ihren Winterstall umziehen, den wir eventuell im Sommer frisch gekalkt haben. Eine dicke Schicht Sägemehl und obendrauf frisches Stroh. Herzlich willkommen!

Die Geflügelställe werden nochmal gründlich ausgemistet, ebenfalls mit Sägemehl und Stroh frisch gepolstert. Bei den Hühnern müssen wir zusätzlich die Luke mit einer Isoliermatte polstern. Vor einigen Jahren hat eine nicht sehr umsichtige Mitarbeiterin das vergessen, obwohl ich sie darum bat.

Die Hühner sind erfroren – und ich schäme mich deswegen. Das darf nie mehr passieren!

DANN MUSS ICH AUCH DARAN DENKEN

Dass die Wasserleitungen, die den Gänseteich, den Entenich und die Hühnertränke speisen, so eingestellt sind, dass das Wasser fließt. Die Strafe folgt den Vergesslichen auf dem Fuß: Wasser schleppen – und das womöglich bis zum Frühjahr.

Sir Henry geruhen, das Nachtessen zu genießen.

Das Kapitel von den Kastanien

In ein Buch, das über einen Tessiner Garten geschrieben wird, gehört dieses Kapitel hinein, auch wenn Kastanien eher im Wald als im Garten wachsen. Aber Kastanien waren hier wohl während Jahrhunderten **das** Grundnahrungsmittel und ersetzten das Brot. Kein Wunder, wenn sich auch Sagen erhalten haben, die von Kastanien handeln. Die nachfolgende Geschichte gibt es in etlichen Variationen. Ich erzähle sie so, wie ich sie von unserer Postina, der Posthalterin, erfahren habe:

Der liebe Gott schlüpfte in die Gestalt eines einfachen Wanderers und durchzog das Tessin. Abends klopfte er an die Türe eines stattlichen Hauses, aus dem Rauch aufstieg. Er hatte Hunger und bat die Frau, die ihm die Türe öffnete, um ein Stück Brot.

„Da kann jeder kommen und mich anbetteln. Ich bin doch keine Wirtschaft", brummte die Frau und schmetterte die Türe zu.

Der liebe Gott wanderte weiter und kam schließlich zu einem einfachen Häuschen. Es blühten zwar Blumen davor und eine Ziege meckerte auf einer kleinen Wiese nebenan. Aber man sah es: Hier wohnten arme Leute. Auch hier öffnete eine Frau die Türe, sie hieß den Wanderer eintreten, offerierte ihm ein Glas Ziegenmilch und fragte, ob er Hunger habe. Der Wanderer, der der liebe Gott war, nickte. „Viel kann ich Ihnen nicht anbieten. Bloß ein paar gebratene Kastanien. Jedes meiner sechs Kinder bekommt eine Handvoll. Etwas anderes habe ich heute nicht, und ich teile diejenigen, die für mich übrig bleiben, mit ihnen. Morgen hätte ich Ihnen Brot anbieten können, der Sauerteig muss aber noch ruhen." Der liebe Gott setzte sich zu der Frau und den Kindern und aß die Kastanien. Sie schmeckten fein.

Bevor er wegging, sagte er ihr, dass sie wohl acht geben solle, welche Arbeit sie morgen zuerst mache. „Das, was du machst, wenn die Sonne aufgeht, wirst du auch den ganzen Tag über machen."

Aber die Frau vergaß diese Empfehlung. Am andern Tag war es ihr wichtig, das Brotback-Häuschen anzufeuern, aus ihrem Sauerteig Brot zu machen, damit der Teig nicht verderbe. Aber seltsam, sie konnte aus dem Teig Laib um Laib formen, ohne dass es weniger wurde. Den ganzen Tag lang buk sie Brot. Am Abend roch es weit über die Felder bis zum See nach frisch gebackenem Brot. Die Fischer vom See kamen, um der Frau Brot abzukaufen und die Winzer aus den Weinbergen und die Fuhrleute, die mit ihren Pferdewagen vorbeizogen. Auch die reiche Frau wurde vom

Esskastanien

Das Kapitel von den Kastanien

Geruch des Brotes angelockt und kaufte gleich zwei Laibe. Natürlich wollte sie auch wissen, wie die arme Frau es geschafft hatte, an einem einzigen Tag so viel Brotteig zu kneten. Und da erzählte sie von dem seltsamen Wanderer.

„Das muss der liebe Gott persönlich gewesen sein, der Wanderer, den ich abgewiesen habe", dachte die reiche Frau. Sie ging in die Kapelle und bat ihn ganz innig um Verzeihung und nochmals um seinen Besuch.

Der Wanderer klopfte ein paar Tage später also wieder an die Türe der reichen Frau. Sie hieß ihn willkommen, bewirtete ihn reichlich. Der Wanderer dankte ihr und sagte: „Gib acht, was du morgen früh tust. Das, was du bei Sonnenaufgang unternimmst, wirst du den ganzen Tag lang tun."

„Geld zählen werde ich", dachte die Frau. „Geld zählen, nicht nur bei Sonnenaufgang, den ganzen Tag lang." Die halbe Nacht versuchte sie, sich auszurechnen, wie viel Geld da bis am Abend wohl zusammenkäme. Irgendwann zu später Stunde schlief sie dann ein – und als sie dann erwachte, kurz vor Sonnenaufgang, musste sie auf jenes Örtchen, das man im italienischen „gabinetto" nennt. Und da musste sie den ganzen Tag lang sitzen bleiben. Jedes Mal, wenn sie aufstehen wollte, war der Zwang wieder da, sich hinzusetzen. So lange, bis die Sonne unterging. Die Kastanien, die die arme Frau dem lieben Gott schenkte, waren daran Schuld – und so kann Geiz bestraft werden.

Zu erzählen, was man – abgesehen von gebratenen und gekochten Kastanien – vom Kastanienbaum erhält und was man daraus machen kann, würde den Rahmen dieses Buches sprengen. Ich beschränke mich hier auf eine Auswahl von Rezepten (Seite 116 f.).

Kastanienbaum: Ob er wohl auch so lange leben wird wie mein Kastanienfreund am Hang?

Kastanienrezepte

KASTANIEN VORBEREITEN

Die Kastanien waschen, auf der gewölbten Seite kreuzweise einschneiden.

KASTANIEN BRATEN

Stilrein wäre es, sie in einer Maronipfanne am offenen Feuer, das stark prasseln muss, zu braten. Man kann es aber auch auf moderne Art machen: In eine gusseiserne Bratpfanne geben, etwas Wasser darauf spritzen, auf mittlerer Flamme unter häufigem Aufschütteln zugedeckt braten, bis die Schalen platzen. Dann mit einem feuchten Tuch bedeckt weiterbraten bis die Kastanien mehlig weich sind (ca. ¾ Stunde).

KASTANIEN SCHÄLEN

Die Kastanien waschen, auf der gewölbten Seite kreuzweise einschneiden. Portionenweise ins kochende Wasser geben, 5 Minuten kochen und sofort schälen (sie müssen möglichst heiß sein).

GEKOCHTE KASTANIEN

Die Kastanien wie vorher beschrieben vorbereiten, ungeschält in leichtem Salzwasser weich kochen. Ungeschält oder geschält servieren mit Butter, geschlagenem Rahm oder Apfelmus zu Tee oder Milchkaffee.

GLASIERTE KASTANIEN

* ½ kg geschälte Kastanien
* 2 EL Zitronensaft
* 50 g Zucker
* 1 EL Wasser
* ca. 100 ml Brühe
* 2 EL Butter

Die Kastanien in eine flache Gussform legen (nur eine Lage!). Mit dem Zitronensaft beträufeln, Zucker und Wasser in einer Bratpfanne karamellisieren und über die Kastanien träufeln. Die Brühe dazugießen, zugedeckt weich dämpfen (ca. ½ Stunde).
Die flüssige Butter darüber träufeln.
Zu gebratenem Lamm, Geflügel oder Kohlgemüsen.

KASTANIENPÜREE

* 1 kg Kastanien geschält
* 150 ml Milch
* 1 Prise Salz
* 3 EL Butter
* 1 El. Zucker
* eventuell 2 – 4 EL Kirschwasser

Die Kastanien mit der Milch und dem Salz weich kochen (ca. ¾ Stunde. Achtung: rühren, brennt gerne an!). Noch heiß durch ein Sieb passieren oder mixen. Den warmen Brei mit der Butter und dem Zucker verrühren, eventuell Kirschwasser beigeben. Das Püree kann zu vielen Desserts verwendet werden und lässt sich – ohne die Alkohol-Zugabe – auch tiefkühlen.

KASTANIENRING

* 2 EL Zucker
* 500 g Kastanienpüree
* 400 g Apfelmus
* 300 ml Rahm, geschlagen.

Eine Ringform beölen, mit Zucker ausstreuen, das Kastanienpüree einfüllen, gut andrücken, auf eine Tortenplatte stürzen. Das Apfelmus in die Ringmitte geben, das ganze Dessert mit dem Schlagrahm garnieren.

KASTANIENKUCHEN

* 3 EL Butter
* 5 – 6 EL Zucker
* 5 Eigelb
* 750 g Kastanienpüree
* 1 Päckchen Backpulver
* 3 EL Haselnüsse gerieben
* 5 Eiweiß, geschlagen

Butter, Zucker und Eigelb schaumig rühren, Kastanienpüree und Backpulver damit vermengen, die Nüsse und das Eiweiß abwechselnd darunter heben, in bebutterte Springform füllen (26 cm Durchmesser), im auf 150 °C vorgeheizten Ofen 50 Minuten backen.

KASTANIENBROT

* 1 Hefewürfel
* 100 ml Wasser
* 1 kg Weizenmehl Typ 1050 (nennt man in der Schweiz Ruchmehl)
* 150 g gekochte, geschälte Kastanien, zerbröckelt,
* 28 g Salz
* ca. 600 ml Wasser

Den Hefewürfel im Wasser auflösen. Das Mehl in eine Schüssel sieben, in der Mitte eine Vertiefung machen. Die Hefelösung hineinschütten, etwas Mehl dazurühren, ¼ Stunde stehen lassen. Die Kastanien und das Salz dem Schüsselrand entlang beifügen. Einen Teig kneten, indem man nach und nach das Wasser beigibt. Es muss ein fester Teig entstehen, den man zu einer Kugel formt und zugedeckt 2 Stunden gehen lässt.
Den Teig nochmals durchkneten, zwei Brote daraus formen, diese auf ein mit Backpapier belegtes Kuchenblech geben.
Nochmals eine halbe Stunde gehen lassen, mit Mehl besieben, länglich oder kreuzweise einschneiden.
Im auf 200° C vorgeheizten Backofen anschließend ungefähr eine Stunde backen.

Kastanienbrot

Herbstrezepte mit Obst

APFEL-MEERRET-TICH-SAUCE ZU SUPPENFLEISCH

* 2 mittelgroße Äpfel, geschält, fein gerieben
* 1 TL Zitronensaft
* 1 EL Weißweinessig
* 1 – 2 TL Zucker
* 3 – 4 EL Meerrettich, frisch gerieben

Das Apfelmus mit dem Zitronensaft und dem Zucker vermengen, dann den Essig und den Meerrettich beigeben. Nochmals gut durchmischen. Zu gekochtem Rindfleisch, z.B. Tafelspitz, servieren.

BRATÄPFEL MIT PFIFF

* 4 große, säuerliche Äpfel mit der Schale, gewaschen, das Kerngehäuse ausgestochen
* 2 EL Rosinen
* 2 EL Haselnüsse, fein gemahlen
* 4 TL Zucker
* 2 EL Apfelsaft oder Calvados (= Pfiff)
* 2 EL Butter

Die Äpfel nebeneinander in eine ausgebutterte Auflaufform stellen.
Rosinen, Nüsse, Calvados oder Apfelsaft und Zucker miteinander vermischen, in die Äpfel füllen. Restliche Füllung ringsum streuen. Je ein Butterflöckchen auf die Äpfel geben. Im auf 200° C vorgeheizten Ofen ca. ½ Stunde braten.

APFEL IN DER TÜTE

* 4 säuerliche Äpfel geschält, ohne Kerngehäuse in Scheibchen geschnitten
* 2 EL Zucker
* 1 Messerspitze Zimt
* Schale und Saft von 1 Zitrone
* 30 g Rosinen
* 4 Blätter Alufolie, ca. 25 x 25 cm groß

Alle Zutaten miteinander vermischen. Die Alufolien-Blätter nebeneinander legen. Das Apfelgemisch sofort gleichmäßig darauf verteilen. Die Ecken der Folien-Blätter hochnehmen, zusammendrehen. Auf die leicht erwärmte Kochplatte (Stufe 2 – 3) setzen, während 5 Minuten dämpfen. In der Tüte, eventuell mit einer Kugel Vanilleeis servieren.
So lässt sich leicht auch ein Dessert für eine einzige Person machen.

GEFÜLLTE BIRNEN

* 8 schöne Kopfsalatblätter, gewaschen
* 4 Williamsbirnen, geschält, halbiert, ausgehöhlt
* 2 EL Zitronensaft
* 4 EL Mayonnaise
* 200 g Schinken, gekocht oder roh, in feine Streifen geschnitten
* 8 TL Johannisbeergelee

Die Salatblätter auf vier Tellern verteilen. Je 2 Birnenhälften auf einen Teller legen, mit dem Zitronensaft beträufeln. Die Schinkenstreifen mit der Mayonnaise vermengen, auf die Birnen verteilen. Jede Hälfte mit einem TL Johannisbeergelee garnieren.

ZWETSCHGEN-KÜCHLEIN

* 500 g Zwetschgen, mit einem Tuch abgerieben, so halbiert, dass die Hälften noch zusammenhängen, Stein entfernt
* für jede Zwetschge 1 Würfelzucker

Ausbackteig:
* 150 g Mehl
* 200 ml Bier oder Wein oder Sprudel
* 1 EL Sonnenblumenöl
* 1 TL Zucker
* 1 TL Salz

Fritture:
* 1 ½ l Frittieröl

In jede Zwetschge 1 Würfelzucker stecken, zusammenpressen.
Die Teig-Zutaten in der angegebenen Reihenfolge nach und nach miteinander vermengen, mit dem Schneebesen rühren, bis der Teig glatt ist. ½ Stunde stehen lassen.
Das Öl auf 180 °C erhitzen. Die einzelnen Zwetschgen auf eine Gabel stecken, in den Ausbackteig tunken, in die Fritture geben und goldbraun backen. Sofort servieren.

SENFFRÜCHTE

* ½ l Weißweinessig
* ¹⁄l Weißwein
* 500 g Zucker
* 500 g Birnen, geschält, ohne Kerngehäuse, geviertelt
* 500 g Pflaumen, gewaschen, entsteint
* 500 g Mirabellen, gewaschen, entsteint
* 2 Ingwerwurzeln, kandiert, in Scheiben geschnitten
* 2 EL Sultaninen
* 1 EL Senfpulver

Essig, Weißwein und Zucker aufkochen. Birnen beigeben, 10 Minuten köcheln lassen. Pflaumen und Mirabellen beigeben, 5 Minuten kochen. Die Ingwerscheiben und die Rosinen beigeben.
Früchte mit dem Schaumlöffel aus dem Sud heben, in Schraubdeckelgläser füllen. Den Sud bei Mittelhitze ca. ¼ Stunde einkochen, das Senfpulver dazurühren. Abkühlen. Über die Früchte gießen und sofort verschließen.

VERSUNKENER APFELKUCHEN

* 4 Eier
* 200 g Zucker
* 250 g Butter, zimmerwarm
* 250 g Mehl
* 1 Prise Salz
* 1 Briefchen Backpulver
* 3 – 4 schöne Äpfel, geschält, der Länge nach halbiert, Kern-Gehäuse entfernt, in nicht ganz auseinandergeschnittene Scheiben zertrennt

Eier und Zucker schaumig rühren, Butter untermengen, Mehl, Salz und Backpulver nach und nach darüber sieben, vermengen. In eine ausgebutterte Springform, Durchmesser 26 oder 28 cm geben, die Apfelhälften eindrücken. Im auf 180° C vorgeheizten Ofen ca. 40 Minuten backen. Nadelprobe machen.

Versunkener Apfelkuchen

WINTER

Die Natur lehrt mich im Winter, dass manchmal Ruhepausen nötig sind, um Kraft für die Zukunft zu sammeln, Garten und Felder sind vielleicht schon mit einer Schneeschicht bedeckt. Die Tiere liegen vor dem Stall und genießen die Sonne. Ruhe. Wie viele Menschen sind heutzutage noch fähig, auch die Ruhe zu „pflegen"? Ich muss gestehen, wenn ich mir nicht bewusst vornehme, jetzt diese Winterruhe zu genießen und für einmal (beinahe) nichts zu tun, vergesse ich diesen Vorsatz oft. Ich habe da aber eine innere „Stimme", die mich hie und da an die Ruhe mahnt. Und dann streite ich mit ihr. „Lesen ist doch auch Ruhe." Manchmal lache ich in mich hinein. Die innere Stimme schweigt. Schweigt beleidigt... Und ich lese weiter – zu Haydns Trompetenkonzert!
Das ist für mich Ruhe im Winter!

Besinnliches im Winter

Man muss sie mit eigenen Augen gesehen, man muss sie selbst erlebt haben: Die Ruhe, die über dem ganzen Tal – über unserer ganzen kleinen Welt liegt, sobald die letzten Blätter vom Winde verweht worden sind. „Ruhe kann man doch nicht sehen..."

Doch, hier kann man das. Ich denke, daran sind die Farben schuld, die jetzt vorherrschen: Braune Wiesen, braune Erde im Garten, grau-braune Baumstämme im Wald, graue Steine, graue Mauern, graue Häuser, graue Berge, vielleicht schon vom Schnee überzuckert, über allem ein blauer Himmel, in der Talsohle ein grüner Fluss, der sich durch graue Steine schlängelt. Und eine Sonne, die zwar jeden Tag einen ein wenig kürzeren Weg über uns einschlägt, deren Strahlen oft schräg überm Tal liegen.

Die Esel fragen den Fotografen: „Was guckst du so?"

ZEIT DER RUHE

Ich sehe und fühle die Ruhe nicht nur, ich meine auch, sie zu riechen. Das kommt von den Kaminfeuern, die sich da und dort noch aufwärts kräuseln, manchmal auch von meinem Brotbackhäuschen, wenn ich Kastanienbrot backe oder Dinkelbrot mit Kürbiskernen.

Ruhe heißt nicht unbedingt auch Stille. Da sind nämlich die Glocken der Schafe und Ziegen, das Geklingel der Schellen meiner Eselin Cora, abends die Rufe von Olimpio, der mit „Tscha – Tscha – Tscha" seine Ziegen, von Odivio der mit „Tui – Tui – tui" seine Schafe heimlockt. (Ich frage mich, seit wie vielen Jahren – Jahrhunderten – die Bauern hier ihre Tiere mit genau diesen Rufen suchten. Für mich haben sie deshalb etwas Archaisches, beinahe bin ich versucht, zu sagen, etwas Heiliges, etwas wie ein Kirchengesang.)

Das Leben in und mit der Natur bringt unendlich viel Abwechslung in den täglichen Arbeitsablauf.

„Ich bin zwar mein eigener Meister – aber die Natur ist meine „padrona" – meine Herrin."

Die Natur befiehlt mir, was ich heute zu tun habe, was ich heute nicht versäumen darf. Wenn dieses Gesetz im Frühling, Sommer und Herbst galt, dann gilt es noch viel mehr im Winter.

Wehe, wenn ich nicht dafür gesorgt hätte, dass genug Heu und Stroh für die Esel vorhanden ist! Der Nachschub im Schnee ist unendlich viel mühsamer als er es vorher war. Und wehe, wir hätten nicht genug Holz für unsere Heizung! Zum Glück hatte ich viele liebe Helfer, die die von Odivio gefällten Stämme rechtzeitig zersägt, gespalten und in der Nähe des Hauses aufgeschichtet haben. Wir lagern unser Brennholz während mindestens drei Jahren, damit die Heizung und der Kamin möglichst wenig verrußen.

Besinnliches im Winter

Irgendwann fällt dann der Schnee bis ins Tal hinunter. Wir hoffen immer aufs Neue, dass dieser Schnee erst im Neuen Jahr falle, denn dann wird unser Leben auf einen Schlag viel mühsamer: Der Weg vereist, muss mit Sand bestreut werden. Gott sei Dank haben wir rechtzeitig einen Vorrat an Sand im Fluss geholt. Am Auto vereisen die Scheiben, wenn man nachlässig war und sie nicht mit Folie bedeckte.
Merke: Die Ruhe des Winters lässt sich nur genießen, wenn man vorher immer wieder an die notwendigen Vorbereitungen gedacht hat.

DIE NACHT KOMMT FRÜH

Esel und Geflügel sind gefüttert, Hunde und Katzen auch. Dann kommen die Menschen dran. Wenn wir nicht mehr als vier Personen sind, versammeln wir uns immer am Kaminfeuer. Und das Menu ist immer dasselbe – „Pang e fromacc" – Selbstgebackenes Brot und Käse von Fabianos Ziegen, vielleicht eine oder zwei Scheiben Salami, eingelegte Gurken oder getrocknete Tomaten oder Ziegenkäse in Öl, ein Glas Wein. Fertig.
Ich könnte jetzt auch wieder einmal mein Spinnrad hervorkramen. Ich könnte ja auch stricken. Nein, ich **konnte** beides. Seitdem ich mir auf unglückliche Weise einen Rückenwirbel gebrochen habe, geht das nicht mehr. Die Hände ruhen im Schoß – oder im Fell meines Hundes. Und dann braucht es nur noch den entsprechenden Hundeblick: „Nicht wahr, wir zwei, wir verstehen uns?" und die Welt ist schon wieder in Ordnung.
Was wäre doch das schönste Fünfsterne-Menu gegen ein solches Winter-Abend-Nachtessen an meinem Kamin? Ich kann hier am Feuer sitzen, meine Gedanken schweifen lassen, mich an der Glut wärmen, mit Mitbewohnern, mit Hund und Katzen, mit dem Feuer plaudern oder schweigen...
Brauche ich da noch mehr? Ja, etwas brauche ich – und das wird mit jedem Tag, mit jeder Stunde wichtiger – Gesundheit! Wenn die nicht ist, stürzt meine eigene Welt in sich zusammen – und ich falle in einen Abgrund.

Auch so ein Sport von mir: Im Schnee zu lesen versuchen, wer hier wohl durchgegangen sein mag?

Advent – Weihnachten – Stille

Weihnachten hier ist ganz, ganz anders, als man es in der deutschen Schweiz oder in Deutschland gewöhnt ist. Mag sein, dass auch hier sich mit der Zeit Kerzlein-Sternlein-Engelein-Flitter-Mode breit machen wird. Aber bis zu uns ist sie – wenigstens bis jetzt – noch nicht vorgedrungen. Doch: Odivios Sohn, der Elektriker ist, hat am Balkon von Odivios Haus ein Tannenbäumchen befestigt, an dem eine elektrische Lichterkette glänzt. Und über der Talstraße hat es in zwei Dörfern je eine Weihnachtsbeleuchtung: einen Weihnachtsstern, quer über die Straße gehängt. Diese Beleuchtung wird aber erst vom 20. Dezember an eingeschaltet.

Oh, wie gut tut mir jedesmal diese Bescheidenheit, wenn ich aus dem Großstadttrubel von meiner Signierreise heimkehre. **Muss** denn dieses Geglitzer und Geflitter sein? Ist es vielleicht so, dass wir unbewusst der Stille, die zur Vorweihnachtszeit gehört, entfliehen wollen, weil wir nur noch Lärm und Krach und Fernsehen und Radio und glitzernde Elektrizität gewöhnt sind? Denkt noch jemand daran, was Advent eigentlich ist? Vorfreude darauf, dass das Christkind geboren wird!

Ich brauche jeweils einen, zwei Tage, bis auch meine Seele ins Tal zurückgekehrt ist. Und dann kneife ich mich in den Arm: „Du bist wieder da, daheim, da, wo du hingehörst." Wenn Schnee liegt, dürfen die Schafe und Ziegen nur noch bei Sonnenschein aus dem Stall. Und bei den Schafen gibt es schon vor Weihnachten die ersten Lämmer.

Es sind so etwa 25 Jahre her, als ich in den Wintermonaten Odivios Schafe betreuen durfte. Er arbeitete damals noch im Tal und kam nur über das Wochenende heim.

Ich denke, er war mir so dankbar, dass ich für ihn diese Arbeit machte, wie ich heute all meinen Helfern dankbar bin, wenn sie mir unendlich viel Arbeit abnehmen. Aber: Wie viel Freude hat mir jene Arbeit gemacht! Ich war ja damals noch ganz allein, sah während des Tages für zwei, drei Minuten Olimpio, wenn er zu seinen Ziegen ging, und Emilia, die damals noch Schafe in einem Stall unterhalb meines Hauses hatte. Dann war noch das morgendliche Gespräch im Postbüro. Und das war alles an Kontakt mit meinen Mitmenschen.

In einer solchen Lage Tiere besorgen zu dürfen, ist keine Arbeit, das sind Streicheleinheiten für die Seele. Abgesehen davon, dass man – wenn man genau beobachtet – unglaublich viel lernen kann, das sich auch im „gewöhnlichen" täglichen Leben anwenden lässt.

Ich bin Schafhebamme geworden, habe gelernt, wie man alle möglichen Schafkrankheiten behandeln kann, habe auch gelernt, wie man mutterlose Lämmchen aufzieht. Habe auch gelernt, wie schmerzlich es immer wieder ist, wenn eines stirbt.

Einen schönen vorweihnächtlichen Brauch gibt es, nein, gab es: Die „Novena". Neun Abende vor dem Heiligen Abend beginnt sie: Ein Glockenspiel vom Kirchturm. Früher war es Marino, der dieses Glockenspiel für uns paar Leutchen ins Tal bimmelte. Heute geht das elektrisch und ist lange nicht mehr so schön. Die Weihnachtsmesse wird abwechslungsweise in einem der Dörfer des Tales gehalten. Es gibt fürs ganze Tal nur noch einen Pfarrer. Soll ich jetzt jammern und nochmals den alten Zeiten nachtrauern? Nein. Ich will lieber dankbar sein für all die schöne, vorweihnächtliche Stille, die mich auch heute noch umgibt.

Meine Wintergeschichte – der Esel und die Frau des St. Nikolaus

Der Titel verrät es schon: Meine Geschichte handelt von meinem Esel Pierino und dem Nikolaus. Aber da gibt es noch eine weitere wichtige Person: Carletto! Ich muss vorausschicken: Eigentlich kannte ich Carletto schon lange: Ein äußerst umgänglicher, fröhlicher Mann, der zwar im hintersten Dorf des Tales wohnte, den ich aber oft auch in unserm Dorf antraf. In einem Restaurant, das damals eigentlich geschlossen war, in dem sich aber doch beinahe jeden Abend ein paar Kumpane trafen – und wenn sie Hunger hatten, riefen sie mich an, ob ich herunter käme und ihnen einen Risotto kochen würde. Reis hatte es dort, Öl und Wein, Zwiebel, Knoblauch und Käse brachte ich mit. Einmal mehr singe ich das Loblied von Risotto: Außer Zwiebel hacken und Knoblauch pressen braucht es keine Vorbereitungen. Und gekocht ist er dann in zwanzig Minuten. Wenn man die Portionen etwas erhöht, genügt ein Teller Risotto, um auch hungrige Männer satt zu machen. Also: Carletto rief mich – es war kurz nach dem ersten Advent – wieder einmal an und bat um meine Dienste als Risotto-Köchin. Aber diesmal ging es nicht nur ums Risotto-Kochen. Er hatte noch ein anderes Anliegen: „Du hast doch seit dem Frühjahr einen Esel. Kannst du mir den ausleihen?" „Hmm – ich weiß nicht. Und – für was brauchst du denn meinen Esel. Du wohnst doch direkt an der Straße." Er kratzte sich am Kopf. „Ja weißt du, das ist nämlich so..." So gut Carletto singen konnte – manchmal hatte er Mühe, sich kurz auszudrücken. „Wie?" „Also: Die wollen, dass ich bei uns im Dorf den St. Nikolaus mache. Und da habe ich – da habe ich eben – also – da habe ich gedacht, es wäre doch für die Kinder ein Extra-Spaß, wenn der Esel – eben dein Esel – die Geschenke bringen würde." „Du weißt doch, dass Esel störrisch sind. Ich habe Zweifel, ob wir Pierino dazu bewegen können, in dein Dorf zu kommen." „Bitte, bitte, leih mir deinen Esel." Dass Pierino mit einer fremden Person mitgehen würde hielt ich für ausgeschlossen. Und nicht nur das, dafür würde er die Brücke über den Fluss überqueren müssen. Er war (und ist immer noch) entsetzlich wasserscheu. Er würde sich wohl lieber totschlagen lassen, als sich ans andere Ufer zu begeben. Und dann: Wie kam er ins hinterste Dorf, das sich immerhin etwa acht Kilometer talaufwärts befindet. „Leihen kannst du ihn nur, wenn ich ihn dazu bewegen kann, über die Brücke zu gehen und dann die Strecke bis zu euch hoch zu marschieren. Ich denke, wenn es überhaupt geht, dann muss ich die Eselführerin sein." „Ach, wie schön. Dann bekommst du eine schwarze Pelerine und eine Rute, damit die Kinder auch dich nicht kennen."

Die Leute im Dorf haben mich schräg angesehen, dass ich überhaupt einen Esel halten wollte. Ich frage mich auch heute noch, ob denn ein Esel für sie das Zeichen von Armut ist. Wie würde es nun sein, wenn ich mit ihm bis ins übernächste Dorf laufen musste. Wie würde ich ausgelacht, wenn Pierino bockte? Wenn ich zu spät kam für den Auftritt des Nikolaus? Wenn ich es überhaupt nicht schaffte? In Fällen wo man Zweifel hat, ist es am besten, man übt. Also beschloss ich schon am nächsten Tag, Pierino probehalber in Carlettos Dorf zu führen. Das war auch eine Art sportlicher Betätigung. (Die ich sonst ablehne, ich habe genug Sport bei meiner täglichen Arbeit.) Vorsichtshalber hängte ich meinen Brotsack um. Das hatte ich schon gelernt, diesem Sack lief Pierino gerne nach. Und um ihm die Angelegenheit noch schmackhafter zu machen, packte ich in den Sack nicht nur Stücke von hartem Brot, auch noch ein gutes Kilogramm ganz schöner Karotten aus dem Garten. „Chumm, Pierino!" Er hatte mich schon sehnsüchtig erwartet und wahrscheinlich nicht begriffen, weshalb ich die untere Hälfte der Stalltüre nach dem morgend-

Meine Wintergeschichte – der Esel und die Frau des St. Nikolaus

lichen Füttern zugelassen hatte. „Chumm schön." Gehorsam trottete er hinter mir (und dem Brotsack) her bis zur Brücke. Und dann war Schluss. Ziehen nützte nichts, stoßen nützte nichts. Aber da waren ja noch die Karotten. Zuerst hielt ich ihm eine Ganze hin. Er schnupperte daran. Das kannte er noch nicht. Dann aß ich eine halbe Karotte, („mmm, feini Guti") offerierte ihm die andere Hälfte. Vielleicht war es bloß Zufall. Aber vielleicht dachte er auch: „Wenn das der Kathrin so gut schmeckt, kann ich es ja auch probieren." Er probierte und dann kam er. Schrittchen für Schrittchen über die Brücke. Und um dieses eine Schrittchen zu tun, benötigte er jedes Mal eine halbe Karotte. Am Ende der Brücke war mein Vorrat aufgebraucht.

Und jetzt kam doch der lange Weg – und ich hatte keine Karotten mehr. Dieser Weg führt an Emilias Haus vorbei. Wozu habe ich denn meine Nachbarn? Ich klopfte an Emilias Türe, rief „Permesso" und bat sie um einen Sack voller Karotten. Neugierig wie sie nun eben mal ist, fragte sie: „Ja, hast du denn all die Karotten aus deinem Garten jetzt schon aufgegessen." „Nein, ich brauche sie für Pierino." „Dem gebe ich nichts." „Aber hör doch, ich muss mit ihm zu Carletto. Er braucht ihn für den Nikolaus." „Der ist aber erst übermorgen." „Aber heute muss ich üben." „Verstehe doch einer diese Deutschschweizer Spinnerin. Da – so nimm halt." Und dann wanderten wir zwei also unsern Weg. Manchmal ging es ganz ordentlich, dann bockte er wieder, bis er ein weiteres Karottenstückchen bekam. Im nächsten Dorf hatte es sich schon herumgesprochen, denn ich bin von einigen bergwärts fahrenden Autos überholt worden: Vor dem Restaurant erwarteten mich ein paar Männer, die mich einluden, eine Zwischenverpflegung einzunehmen. Pierino könne ja draußen warten. „Dann schreit er so laut, dass alle eure Dächer wackeln. Nein, danke." Wir zwei zottelten weiter. Ich war schweißgebadet, Pierino hatte seine Trotzphasen. Ich zog an seinem roten Halfter, ich schob von hinten. Dann ging es wieder. Nach drei Stunden hatten wir das Dorf erreicht. Wir kehrten um. Das war für Pierino eitle Freude. Er schlug einen Trab an, der mich zu einem Sprint zwang – und nach einer halben Stunde etwa waren wir wieder daheim. Nur: Auf der Brücke gab es nochmal ein Geschubse. Ich hatte keine Karotten mehr. „Meinetwegen. Dann bleib halt, wo du bist."

Ich kehrte ihm den Rücken, überquerte die Brücke. Hinter mir hörte ich das Trappeln von Pierinos Hufen. Mein liebes Eselein folgte mir brav. Am Tag des St. Nikolaus kalkulierte ich die drei Stunden Hinweg vorsichtshalber ein, war aber schon nach einer guten Stunde dort. Vor der letzten Wegbiegung wartete ich in klirrender Kälte auf Carletto. Die Kinder durften mich ja nicht sehen. Er kam zur abgemachten Zeit, hatte die Pelerine und die Geschenke bei sich. Pierino wurde beladen, der Nikolaus ging wiegenden Schrittes hinter uns beiden her. Die Kinder hatten eine Riesenfreude. Sie sagten ihre Verschen auf, streichelten Pierino.

„Wo kommt denn dieses hübsche Eselchen her?"

„Natürlich aus Sibirien, was meinst du denn?"

Irgendwann rutschte mir die Kapuze vom Kopf.

„Je, das ist ja die Caterina. Die hat ja auch einen Esel." Carletto war schlagfertig. **vorzuführen.**

„Wegen dem kann er doch trotzdem aus Sibirien kommen."

Keiner weiß, wie viel Schweiß mich diese St. Nikolaus-Exkursion gekostet hat. Aber um Carletto und jenen Kindern eine Freude zu machen, hätte ich noch weitere Mühen auf mich genommen. Und: Seither glauben viele im Tal, ich hätte einen sibirischen Esel. Und wenn ich mich – was gelegentlich vorkommt – im hintersten Dorf blicken lasse, grüßt mich der eine oder die andere, die damals Kinder waren mit „Ciao, Frau Nikolaus!"

Winter-Nachrichten aus meinem Garten

Besonders wenn Schnee gefallen ist, passiert in meinem Garten rein gar nichts. (Was die Würmer und Mäuse unter der Erde tun? Schlafen?)

Aber eine eifrige Gärtnerin kann doch ihren Garten nicht einfach vergessen: Sozusagen die Türe zumachen und sagen: „Auf Wiedersehen im nächsten Frühjahr."

Das schaffe ich nicht. Deshalb habe ich mir Aufgaben gestellt, die mit dem Garten zusammenhängen, aber im Haus erledigt werden können: Die Durchsicht der Samenvorräte zum Beispiel, der zum Trocknen ausgelegten Begonien- und Dahlienknollen. Und dann die eventuelle Instandstellung meiner Gartengeräte.

WAS WIR FÜR GERÄTE BRAUCHEN?

Ganz einfache, altmodische. Solche, die ich schon als Kind kennen gelernt habe. Mit Ausnahme von einem Rasenmäher und einem Gerät, das ich eigentlich hasse, das sich aber als äußerst nützlich erwiesen hat: Ein durch einen Benzinmotor angetriebenes schnell kreisendes Rad, das an einem Stab angebracht ist und an dem sich eine Schnur befindet. Mit diesem werden Wegränder abgemäht, Brennnesseln, die sich zu sehr ausbreiten, einige Unkräuter auf den Weiden, die von den Eseln verschmäht werden. Der bei uns fremde Benzingestank und das entsprechende Geknatter kann ich bloß ertragen, wenn ich bedenke, wie mühsam es ist, diese Arbeiten von Hand auszuführen.

Und dann wäre da also noch der Rasenmäher zu erwähnen. Nein, weder mit Benzin noch mit Elektrizität angetrieben. Und noch weniger zum Draufsitzen: Ein altmodisches Ding zum Stoßen und mit einer Reihe spindelförmig angebrachter Messer. 60 cm breit das Ganze.

Das Messer bringen wir jetzt und heute zum Schleifen. Vergesse ich das, will ich dann im Frühjahr diese Arbeit nachholen lassen, muss

Winter-Nachrichten aus meinem Garten

ich wochenlang darauf warten, und dann ist der Rasen so hoch geworden, dass das oben beschriebene Benzinding in Funktion treten muss.

Auch die Stiele der Rechen, Hacken, Schaufeln, Spaten bedürfen zum Teil der Reparatur. Was ein sorgfältiger Gärtner ist, lässt seine Geräte nie im Regen oder in der heißen Sonne stehen. Holz verrottet bekanntlich. Aber eben – „was ein sorgfältiger Gärtner ist…"

Ich weiß nicht, ob das eine Marotte von mir allein ist oder ob es noch andern Mit-Gärtnerinnen und -Gärtnern so geht: Ich hänge an meinen Werkzeugen. Nein, natürlich nicht, weil es teures Gerät wäre. Aber wenn ich die Grabgabel in die Hand nehme, dann meine ich da ein Flüstern zu hören: „Weißt du noch?" Und dann sage ich zu ihr: „Ja, glaubst du denn, ich könnte sie vergessen, die Blasen und Schwielen, die dein Stiel in meine Hände gebohrt hat…?" „Bist du mir deswegen böse?" „Im Gegenteil – ohne jene Zeit mit dir wäre mein Leben lange nicht so schön gewesen, und das Buch, an dem ich jetzt gerade schreibe, wäre nie geschrieben worden."

So sind wir denn zufrieden, die Grabgabel und ich. (Und wenn jetzt einer den Kopf schüttelt und sagt:

„Jetzt spinnt sie aber total. Spricht mit einem Werkzeug!!", dann nehme ich dem das überhaupt nicht übel. Aber irgendwie bedaure ich diesen Kritiker: Er kann es ja nicht wissen, wie bunt meine Welt ist, weil ich die Sprache von Tieren, Pflanzen und – eben – auch von Werkzeugen zu hören, zu verstehen meine…)

In meinem Nachlass wird sich dann eben diese Grabgabel finden. Ihre Zinken sind zerkratzt. Einer sogar ein bisschen verbogen. Für mich ist diese Gabel ein Schatz, in dem Erinnerungen verborgen sind. Und der Jemand, der sie dann findet, wirft sie vielleicht in den großen Kehricht-Container, in den er (oder sie) auch tausend andere solche „Dinge", werfen wird, die für mich eben keine bloßen Dinge, sondern Teil meines Lebens waren. Nachrichten also, nicht bloß aus dem Garten, sondern aus meinem Leben.

Gartenarbeiten oder besser Gartenfreuden

„Zuerst denken – dann erst schreiben!" Das hat mein (unendlich verehrter) Grundschul-Lehrer in jener Stunde gesagt, als er uns erklärte, wie man einen Aufsatz schreibt. Dieses Rezept habe ich glatt vergessen, als ich zu Beginn des letzten Kapitels kühn behauptete, im Winter gäbe es in meinem Garten nichts zu tun!

Ich bitte höflich um Verzeihung und korrigiere mich:

„Im Winter gibt es ein paar wichtige Dinge im Garten zu tun, die ich keinesfalls – ich wiederhole – keinesfalls vergessen darf!"

Ich habe am Anfang meines Gärtnerinnen-Lebens mein Lehrgeld bezahlt: Da war zum Beispiel der *Hamamelis*-Strauch (der schon damals ein Heidengeld kostete, und der für mich noch teurer war, weil ich sehr wenig Geld besaß): Ich vergaß es einmal, ihn bei Schneefall zu schütteln! Die Strafe (für mich – noch mehr für den Baum): Der Stamm, der damals vielleicht fünfzehn Zentimeter dick war, zerriss infolge der nass gewordenen Schneelast von einer Gabelung an abwärts so, dass die eine Hälfte beinahe nur noch an der Rinde fest hing.

Ich war versucht, den Ast ganz abzutrennen. Zum Glück war meine Freundin Marlene da. Sie ist Krankenschwester. „Komm, wir versuchen es wenigstens." Baumharz gibt es in meinem Gartenschrank. Verbandstoff habe ich natürlich auch vorrätig. Nicht eigentlich für Bäume gedacht – eher für Mensch und Tier. Der Ast wurde hochgebogen, mit dem Baumharz gesalbt. Wahrscheinlich haben wir viel zu viel darauf geschmiert. Und dann fachgerecht mit dem Verbandstoff umwickelt. Zusätzlich bekam er noch einen Stützpfahl, den wir mühsam in den gefrorenen Boden einschlugen.

Solch zarte Blumen (Hamamelis) – mitten im Winter, ...

...wenigstens vom Schnee befreien muss ich die Äste.

Als die ersten Blütenknospen sich zeigten, haben Marlene und ich ein Gläschen Sekt getrunken. Auf das Wohl des geretteten Astes meines *Hamamelis*-Baums und natürlich seiner Krankenschwester. Seither vergesse ich es nie, ihn bei Schneefall zu schütteln.

Aber was mache ich, wenn ich weg bin? Wie bekomme ich meine Mitarbeiterinnen dazu, unbedingt, aber unbedingt an diese wichtige Tätigkeit zu denken? Ich kann ja nicht immer wissen, ob es bei mir daheim geschneit hat, wenn ich irgendwo in Deutschlands Buchhandlungen Bücher signiere.

Mein Rezept tönt komisch: Eines der Mädchen sprach „*Hamamelis*" immer falsch aus. Sie sagte „Hamammmelis". Das tönt in an unser Schweizerdeutsch gewöhnte Ohren wie

Gartenarbeiten oder besser Gartenfreuden

Übrigens: Ich möchte es schon seit Jahrzehnten herausbekommen, ob meine Beobachtung stimmt: Ich habe neben meinem Backhäuschen eine Tanne gepflanzt (viel zu nahe daran natürlich, deshalb muss ich manchmal zu meinem Leidwesen Äste entfernen, die dem Häuschen zu nahe kommen). Wenn ich nun vom Balkon aus auf diese Tanne herunterschaue, scheint es mir immer, die Spitze würde im Winter in die Höhe wachsen, währenddem die Äste sich ja im späten Frühjahr nach außen dehnen. Dann, wenn die Astspitzen hellgrün werden. Nächsten Herbst werde ich daran denken, ein Foto zu machen und – vom genau gleichen Standpunkt aus – im Frühling nochmal eines. Und dann ist auch diese vielleicht nur für mich wichtige Frage geklärt.

... im Raureif – vergängliche Schönheit ...

GARTENSPAZIERGÄNGE

Manchmal – wenn nicht zu viel Schnee liegt – gehe ich natürlich auch durch den Garten. Einfach so. Eine Mutter schaut ja auch hie und da zu ihrem schlafenden Kind. Ein paar Lauchstängel schauen aus dem Schnee. Das Nussbaum-Laub, mit dem wir den Stielmangold zugedeckt haben, bildet unter dem Schnee kleine Hügel. Ein Pfahl, an dem die Drähte gespannt sind, an denen wir die Himbeeren hochbinden, ist gebrochen. Ich muss mir aufschreiben, dass ich Odivio um ein paar neue Pfähle bitte. „2,5 m hoch, unten zugespitzt, per favore."

– ich versuche zu übersetzen: „Ha – kleine Mütterchen", so doof, dass seither jede in meinem Haus am Morgen nach einem Schneefall schreit: „Haben wir das Hamammmeli schon geschüttelt?" Und der Baum gedeiht seither, dass es eine Wonne ist. Inzwischen habe ich es auch gelernt, dass Koniferen – und auch andere immergrüne Sträucher und Bäume zumindest bei uns – im Winter Wasser brauchen. Es ergibt sich manchmal, dass während Monaten weder Schnee noch Regen fällt. Einer Tanne macht das nicht so viel – aber zum Beispiel *Taxus* oder andere immergrüne Heckenpflanzen können eingehen, wenn die Gärtnerin im warmen Stübchen sitzen bleibt und das vergisst. Gegossen wird an frostfreien Tagen.

WEITERE ARBEITEN

▸ Balkonpflanzen im Winterquartier ab und zu überprüfen, abgefallene Blätter entfernen. Hin und wieder etwas Wasser geben. Bei mildem Wetter lüften.

▸ Grünkohl und Lauch kann noch geerntet werden. Achtung: Lauchstangen können

bei wiederholtem Gefrieren und Auftauen weich werden, daher eventuell ausgraben und an geschützter Stelle in Erde einschlagen.
- Regelmäßig Obst und Gemüse im Lager überprüfen. Faules immer entfernen.
- Auch Eingekochtes kontrollieren, genauso wie das Gefriergut.
- Das nächste Gartenjahr planen, eventuell Kataloge studieren, Pflanzenlisten machen, Mischkulturen aufschreiben. Notizen des letzten Jahres durchgehen, was ist gut gewachsen, was vielleicht lieber nicht mehr anbauen.
- Ab Februar können am Fenster schon wieder Gemüse und Blumen ausgesät und vorgezogen werden, wenn man das will. Wir tun das nicht, weil wir einfach zu wenig Licht für die Pflänzchen im Zimmer haben.
- Zier- und Obstgehölze können geschnitten werden, wenn es keine Minusgrade hat, und man diese Arbeit nicht schon Ende Herbst erledigt hat.
- Wenn die ersten Zwiebelpflänzchen, Schneeglöckchen und Winterling, ihre Köpfchen aus dem Boden strecken, dann empfinde ich immer eine besondere Freude. Der Winter verabschiedet sich und macht dem Frühling Platz.

ÜBERLEGUNGEN UND EIN KLEINES REZEPT

Eigentlich schade: Dadurch, dass die meisten Gemüse und Früchte beinahe während des ganzen Jahres erhältlich sind, verwischen sich doch so die Zeiten, wo man sich früher speziell auf diese oder jene Speise gefreut hat. Diese Freude gönne ich meinem ganzen Haushalt dank des Gartens eigentlich immer noch: Es kommt das auf den Tisch, was der Jahreszeit angepasst ist. Frische Tomaten oder Erdbeeren oder weiß ich was, gibt es erst wieder, wenn sie im Garten reifen! Punkt. Nein: Ausrufezeichen!

So wenig wie ich milchsaures Gemüse im Sommer mag, so sehr freue ich mich jetzt darauf. Hier ein kleines Rezept.

SALAT AUS MILCHSAUER EINGEMACHTEM GEMÜSE

Sauce: Salz, Pfeffer, ½ TL Senf, 2 – 3 EL Weißweinessig, 5 EL Rahm oder Öl, ½ Zwiebel, fein gehackt

Gemüse: 250 g milchsauer eingemachtes Gemüse, 2 – 3 Äpfel, geschält, gerieben

Für die Sauce Gewürze und Essig zu einer homogenen Sauce vermengen. Rahm oder Öl beifügen. Alles verrühren, bis die Sauce dicklich ist. Gemüse und Apfelbrei damit mischen.

WINTERLICHE OBST-GEDANKEN

Zu Beginn des Winters noch Quitten, dann nur noch Äpfel – Birnen – Kiwi. Das wären sie schon, unsere Winterfrüchte...

Lämmchen sehen so zart aus und trotzen doch dem Schnee.

"Schnee im Tessin" – ein Thema, das ich mag.

Natürlich haben wir dank des Tiefkühlers allerhand Beeren und Steinfrüchte zur Hand. Vielleicht ist es mein Purismus, der mich trotzdem daran festhalten lässt, im Winter – eben – hauptsächlich Winterfrüchte oder gedörrte Früchte auf den Tisch zu bringen.

QUITTENSCHNITZE

¾ kg geschälte Quitten in feinen Scheiben, ca. 1 l Wasser, ca. 6 EL Zucker, abgeriebene Schale einer Zitrone, und vier Kugeln Vanille-Eis

Die Schnitze mit kaltem Wasser bedeckt aufkochen, in ca. einer halben Stunde knapp weich köcheln. Abseihen. Den Sud mit Zucker und Zitronensaft aufsetzen. Die Schnitze darin portionenweise einige Minuten köcheln.

Das Vanille-Eis auf vier Dessertteller verteilen, die Schnitze aus dem Sud heben, darüber geben, den Saft darüber träufeln.

ENTDECKUNGSFREUDE IM NOVEMBER

Einmal, ja einmal – es schneite schon anfangs November – Da habe ich eine (für mich wenigstens) umwerfende Entdeckung gemacht: Da blühte doch eine allereinzige, allerletzte, allerschönste Rose unter einer gläsernen Eishülle, mit einem Schneekäppchen zugedeckt! Ich habe es längst gelernt: solche Entdeckungen, die mich eigentlich jauchzen lassen, muss ich für mich behalten. Es tut mir zwar leid, dass ich andern solche Freuden nicht mitteilen, sie nicht daran teilhaben lassen kann. Aber zu oft bin ich nach einem solchen Schrei des Entzückens so angesehen worden, dass ich wusste, was der oder die jetzt von mir denkt:

„Du spinnst wohl wieder einmal."

Aber – Entschuldigung – ich spinne manchmal ganz gerne. Und weh tue ich damit ja niemandem...

Die Apotheke im Garten

Meine Großmutter hat es mir oft genug erzählt: Sie ist in einem Dorf aufgewachsen, wo der Weg zum Arzt eine lange Reise mit dem Pferdegespann bedeutete und wo die Möglichkeit, einen Hausarzt beizuziehen, überhaupt nicht bestand. Von einer Apotheke schon gar nicht zu reden.

Da musste man selbst wissen, wie man sich mit den einfachsten Mitteln helfen konnte. Die Nana – so nennt man bei uns die Großmutter – besaß ein kleines, zerfleddertes Büchlein, das sie beinahe noch ehrfürchtiger behandelte als ihre Bibel. Es hieß „Chrut und Uchrut" – Kraut und Unkraut – und war vom schweizerischen Kräuterpfarrer Johann Künzle verfasst. Bei allen Wehwehs – sei es nun meines oder irgendeines unserer Gäste gewesen, wurde zuerst dieses Büchlein konsultiert. Kennen gelernt habe ich so alle jene Möglichkeiten zur Selbst-Behandlung alltäglicher Krankheiten. Auch bei mir ist der Weg zum Apotheker weit. Um so mehr bin ich froh, in den Garten zu gehen und da viele „Arzneimittel" zu holen, die sonst in der Küche verwendet werden.

Hier eine Auswahl, geordnet nach den jeweiligen Krankheiten.

Arteriosklerose: viel, viel Knoblauch essen
Arthritis, Arthrose: Tee aus Brennnesselspitzen und Birkenblättern trinken (ich füge hier noch den Beinwell bei) und lege bei Schmerzattacken noch gequetschte frische Blätter auf)
Asthma: Tee aus Thymian- und Huflattichblüten
Blähungen: Kamillentee trinken, Kümmel kauen
Blutdruck, hoch: Schachtelhalmtee
Blutdruck, niedrig: Rosmarintee, Arnikatee
Durchfall: Müsli aus geriebenem Apfel, dürre Heidelbeeren
Erkältungen: Thymiantee
Fieber senken: Holunderblütentee
Gallenschmerz: Pfefferminztee trinken
Haarausfall: viel Hirse essen, Haare mit Brennnesseltee spülen
Halsweh: Umschlag von gehackten Zwiebeln
Hände, raue: Salbe aus Arvenharz (= Holzersalbe)
Herzschwäche: einen mit Arnikatinktur getränkten Lappen unter die Nase halten
Husten: Huflattichblütentee
Insektenstich: gehackte Zwiebel auflegen
Magenschmerz: Kamillentee trinken
Menstruationsschmerz: Frauenmanteltee trinken
Migräne: Zitronenmelisse/Pfefferminztee trinken
Mundgeruch: Mund mit Salbeitee spülen. Salbeitee trinken
Nierenschmerz: Birkenblätter- oder Brennnessel- oder Schachtelhalmtee trinken
Ohrenschmerz: Aus einem Spitzwegerich-

Thymian: Mit der flachen Hand über solch ein Blütenkissen streicheln und dann daran riechen... Ich kann mich so förmlich berauschen.

Die Apotheke im Garten

... vom Sommer träume ich auch im Winter ...

blatt einen Pfropfen drehen, diesen ins schmerzende Ohr drücken. Alle 2 Stunden erneuern

Rheuma: Kohlblätter mit einem Teigroller anquetschen, auf die schmerzenden Stellen auflegen

Schweißausbruch: Salbeiblätter kauen

Schweißfüße: Füße mit Zwiebelsaft einreiben, Salbeitee trinken

Übergewicht: Silbermanteltee trinken

Verstauchung: Kohlblätter quetschen, Arnikablüten darauf legen, alles um oder auf die verstauchte Stelle binden

Warzen: Schöllkraut- oder Wolfsmilchsaft auftupfen, gut eintrocknen lassen

Ich weiß noch gut, dass ich den Pfarrer Künzle zusammen mit meiner Großmutter einmal besuchen durfte. Er war ein weißhaariger Mann mit einem gewaltigen weißen Bart. „Bist du der Sankt Nikolaus?", fragte ich, als ich ihm zaghaft „das schöne Händchen" gab. „Vielleicht", antwortete er und strich mir liebevoll übers Haar.

Seine Studierstube und einen Nachbau seines Kräutergartens kann man im Schweizerischen Freilichtmuseum am Ballenberg bei Brienz sehen. Als ich kürzlich dort war, stand der Kräuter-Nikolaus wieder vor meinen Augen. Und sein „Chrut und Uchrut"-Büchlein wird bei mir immer noch konsultiert.

Wolle färben mit Pflanzen

Es kommt hie und da vor, dass ich gebeten werde, zu demonstrieren, wie man Wolle färbt. Ich erkläre die Grundregeln so: „Wolle färben ist wie Kochen – aber es macht nicht dick!"

Man muss – eben, wie beim Kochen – gewisse Grundkenntnisse haben und kann dann – auch wieder wie beim Kochen – nach bestimmten Rezepten arbeiten und kann diese, wenn man die Kunst einmal beherrscht, nach eigenem Gutdünken ergänzen. Ein ganz wichtiger Punkt beim Wollefärben ist das Wissen um die dazu benötigten Chemikalien und den Umgang mit ihnen: Sie sollen so aufbewahrt und es soll so mit ihnen gearbeitet werden, dass Vergiftungen oder Verätzungen vermieden werden. Also: Aufbewahren, dass sie für Kinderhände nicht erreichbar sind, benutzen mit Vorsicht. Verätzungen (z. B. mit Ammoniak) sofort unter fließendem kalten Wasser ausspülen.

Brennsprit ist feuergefährlich.

UND SO WIRD'S GEMACHT

Es braucht auch eine gewisse Grundausrüstung:

1 – 2 emaillierte Kochtöpfe mit Deckel (z. B. Sterilisier-Kochtöpfe), Inhalt, wenn möglich, mehr als 10 l, 1 Thermometer (Einmach-Thermometer), einige Plastikeimer, 1 Küchenwaage, einige Rührlöffel aus Holz, Gummi-Handschuhe, Küchenwecker
Weiches Wasser (wo das Wasser zu kalkhaltig ist, Regenwasser)
Je nach Färberezept gewisse Chemikalien, die in der Apotheke erhältlich sind (Vorsichtsmaßnahmen siehe oben).
Man kann gewaschene, ungesponnene Wolle färben (= „Färben in der Flocke"). Diese Wolle wird nach dem Färben kardiert (gekämmt) und anschließend gesponnen.
Ich ziehe das Färben kardierter und gesponnener Wolle (= „Färben am Strang") vor, da die Farbe nie ganz gleichmäßig in die Wollfasern eindringt und deshalb stets eine leichte Maserung entsteht. Auf Wunsch kann man dann auch „fleckige" Wolle färben, die das Stricken oder Weben zu einer spannenden Arbeit mit unvorhergesehenen, immer schönen Effekten macht.
Gewisse Färbungen werden am schönsten mit frischen Kräutern (z. B. Birkenblätter) – für andere werden die Kräuter getrocknet – und die Färberei wird dann im Winter gemacht, dann, wenn man hierfür schön Zeit hat.
Bei Demonstrationen zeige ich stets die nachfolgenden Färbungen:
Blau mit Indigo (muss ich in der Apotheke kaufen),
Gelb mit Zwiebelschalen,
Grün, indem ich das Zwiebelschalen-Gelb mit Blau überfärbe.

GRUNDREZEPT „BLAU" FÜR 5 – 6 MAL 500 G WOLLE

Das wird gebraucht: 10 l Wasser, 70 g Hydrosulfit (Apotheke), 140 ml Ammoniak 25 %, 7 g Indigo, 2 El Brennsprit
Das Wasser auf genau 56 °C erwärmen. Hydrosulfit und Ammoniak beigeben. Umrühren. Indigo mit Brennsprit verrühren. In das Färbebad geben, umrühren. Zudecken! (Wichtig, da möglichst wenig Sauerstoff zum Bad gelangen soll.)
Zugedeckt 1 Stunde stehen lassen. In der

Zwischenzeit 500 g Wolle in viel lauwarmem Wasser einweichen.

Das Farbbad abdecken. Mit einem flach darauf gelegten Küchenpapier die Schicht, die sich an der Oberfläche gebildet hat, entfernen (gibt sonst Flecken auf der Wolle). Die eingeweichte Wolle ausdrücken, sorgfältig ins Farbbad legen. Es dürfen keine Spritzer entstehen. Die Wolle muss ganz untergetaucht werden. Das Farbbad wieder auf genau 56 °C erwärmen. Zugedeckt ¼ Stunde stehen lassen (Küchenwecker!). Dann einen Strang nach dem anderen aus dem Bad heben. So ausdrücken, dass möglichst keine Spritzer entstehen. Sobald die Wolle mit Sauerstoff in Berührung kommt, verfärbt sie sich von grün nach blau (sieht aus wie in einer Hexenküche). Die Strangen an einem Stecken (z. B. Besenstiel) aufhängen. Den Stiel zwischen zwei Stühlen aufliegen lassen. Die Wolle muss nun mit möglichst viel Sauerstoff in Berührung kommen. Die nächste Wollpartie einweichen. Dasselbe Bad wieder auf 56 °C erwärmen, mit der zweiten und allen weiteren Wollpartien gleich verfahren.

Nach einem Tag die Wolle in lauwarmem Wasser mit Seifenflocken auswaschen und klar spülen (auch hier weiches Wasser verwenden!). Dem letzten Spülwasser einen Schuss Essig beigeben. Die Wolle ½ Stunde darin liegen lassen, dann zum Trocknen aufhängen.

Wenn man weiße Flecken in der Wolle haben will, die Stangen satt abbinden.

Dasselbe Farbbad kann fünf- bis sechsmal verwendet werden.

Wichtig: Die einzelnen zusammengehörenden Farbpartien lose zusammenbinden, da jede Färbung etwas heller wird.

Diese Indigo-Färbung ist licht- und waschecht. Die blaue Farbe entsteht durch Oxydation. Um den ganzen chemischen Vorgang zu erklären, fehlt hier der Platz.

GRUNDREZEPT GELB FÜR SECHS- BIS ACHT- MAL 500 G WOLLE

Das wird gebraucht: 300 – 500 g gelbe und/oder rote Zwiebelschalen (man kann auch mit weniger Zwiebelschalen anfangen, nur ergeben diese dann helleres Gelb und genügen eventuell nur für vier bis fünf Partien), 10 l Wasser, so viel mal 50 g Alaun (Apotheke) wie Wollpartien gefärbt werden sollen. Die (gut in lauwarmem Wasser eingeweichten!) Wollstrangen lagenweise mit den Zwiebelschalen in den Kochtopf einfüllen. Mit lauwarmem Wasser auffüllen. Den Alaun darüber verteilen. Umrühren. Das Ganze langsam zum Kochen bringen, 1 Stunde kochen, dann über Nacht im Farbbad abkühlen lassen. (Keine Angst, die Wolle filzt nicht, wenn sie nicht „erschreckt" wird, d.h. von heißem direkt in kaltes Wasser oder von kaltem, direkt in heißes Wasser getaucht wird.) Die

... und Wolle färben bringt auch im Winter Farbe in unseren Alltag.

Wolle aus dem Farbsud nehmen, schütteln, damit möglichst viel Schalen zurück in den Kessel fallen. Die nächsten Färbpartien nach und nach aufsetzen und jedes Mal wieder eine neue Portion Alaun darüber streuen. Die Wolle trocknen, restliche Zwiebelschalen ausschütteln, waschen wie bei „Grundrezept Blau" beschrieben.

Auch hier: Die einzelnen Farbpartien lose zusammenbinden.

GRUNDREZEPT „GRÜN" FÜR FÜNF- BIS SECHSMAL 500 G GELBE WOLLE

Blaues Farbbad ansetzen, wie vorher beschrieben, oder ein vorher zur Blaufärbung benutztes Farbbad verwenden. Die Wolle genau nach dem Rezept für blaue Wolle färben.

Ob man helleres Gelb in ein erstes oder ein späteres Farbbad geben will, bleibt der Färberin überlassen. Auf dem Bild ist das dunklere Gelb mit dem dunkelsten Blau überfärbt worden.

WESHALB MUSS MAN FÜR DIE ZWIEBELSCHALEN-FÄRBUNG ALAUN VERWENDEN?

Zwiebelschale färbt doch auch ohne diesen Zusatz (siehe Ostereier färben mit Zwiebelschalen).

Und die Antwort: Alaun macht die Wollfasern weich. So wie Alaun die Hautfasern aufquellen lässt, wenn man (Mann beim Rasieren) sich geschnitten hat. Durch den Alaun-Zusatz lässt die Faser den Farbstoff eindringen. Die Wolle wird licht- und waschecht gefärbt.

Alaun wird für sehr viele Färbrezepte verwendet. Das vorige Rezept ist eine „Direktbeize".

Das heißt, Behandlung der Wolle und die Färbung werden in einem Vorgang durchgeführt.

Bei den meisten anderen Färbungen muss die Wolle zuerst „gebeizt", das heißt, eine Stunde lang mit Alaun-Zusatz gekocht werden. In einem andern Färbkessel kocht man den gewünschten Farbstoff aus, seiht ihn ab und kocht die Wolle im Färbbad nochmals. Das Beizen bedingt ein zuerst lauwarmes Beizbad, das mit der Wolle aufgekocht wird. Die Wolle bleibt darin, bis die Temperatur nur noch lauwarm ist. Beim Färben im Farbsud geht man genau gleich vor.

MERKE: WOLLEFÄRBEN IST NICHTS FÜR EILIGE LEUTE!

Wir verwenden sehr oft handgesponnene Wolle, in die von Zeit zu Zeit Seidenfasern eingesponnen werden. Die Seide nimmt wohl die gelbe, nicht aber die blaue Färbung an. Resultat bei Grünfärbung wie vorher beschrieben. Die grüne Wolle wird gelb gesprenkelt.

Interessant ist, dass Lebensmittel kaum zum Färben verwendet werden können. Heidelbeeren geben ein schönes, dunkles Rosa, Rote Bete ein Rot – aber diese Farben sind nicht haltbar. Vielleicht hat der Liebe Gott das extra so gemacht: Essbare Pflanzen soll man nicht zum Färben brauchen.

Wer sich in die Kunst des Wolle-Färbens vertieft, kommt davon nicht mehr los. Im Schweizerdeutschen sagt man dann: „Sie ist davon angefressen." Ich gestehe es ehrlich: Ich bin es.

Äußerst interessant ist auch die Geschichte der einzelnen Farbstoffe, die zum Teil schon vor Christi Geburt verwendet worden sind. Vielleicht ergibt sich in einem anderen Buch die Gelegenheit, darüber zu berichten.

Winterrezepte mit Gemüse & Früchten

SAUERKRAUTSUPPE

* 2 EL Butter
* 1 Zwiebel, gehackt
* 1 Lauchstange, in Ringe geschnitten
* 300 g Sauerkraut
* 1 l Wasser
* 1 – 2 Kartoffeln, geschält, fein gerieben
* Salz (wenig!), Pfeffer

Die Butter zergehen lassen, die Zwiebel darin glasig dämpfen, dann den Lauch beigeben, mitdämpfen, das Sauerkraut beigeben, mitdämpfen. Mit dem Wasser ablöschen, das Kartoffelmus beigeben. Alles ca. ¾ Stunde köcheln lassen, würzen.

GORGONZOLABIRNEN

* ca. ¾ l Wasser
* 2 – 3 EL Zucker
* 4 Birnen, geschält, halbiert, und ohne Kerngehäuse
* 200 g Gorgonzola ohne Rinde, mit der Gabel zerdrückt

Wasser und Zucker aufkochen. Die Birnenhälften beigeben, knapp weich kochen. In eine gebutterte Auflaufform legen. Den Käsebrei darauf verteilen. Im auf 150 °C vorgeheizten Ofen schmelzen lassen, sofort servieren. Käse-Liebhaber können nicht genug davon bekommen!

BORTSCH

* 2 EL Sonnenblumenöl
* 5 Lauchstangen, in Rädchen geschnitten
* ½ Sellerieknolle, geschält, in feine Scheiben geschnitten
* 500 g milchsaure Rote Bete
* 1 l Gemüsebrühe
* 200 ml sauren Rahm

Das Öl erhitzen, Lauch und Sellerie darin 5 Minuten dämpfen, die Rote Bete beigeben, mit der Brühe ablöschen, 1 Stunde köcheln, eventuell noch etwas Brühe beigeben, den Rahm dazurühren, nochmals erhitzen. Nicht mehr kochen. Sofort servieren.

DÖRROBSTKOMPOTT

* 500 g gedörrte Äpfel, Birnen und/oder Zwetschgen)
* ca. ¾ l Wasser
* 100 – 200 g Rohzucker
* ½ Zimtstange und/oder ½ Vanilleschote
* abgeriebene Schale einer Zitrone
* Gewürznelke
* 200 ml Rahm, flüssig

Das Obst mit Wasser bedeckt zwei Tage stehen lassen. Mit dem Einweichwasser aufsetzen mit Zucker und Gewürzen, auf kleinster Kochstufe aufquellen lassen, dann kochen, bis der Saft sirupartig geworden ist.
Rahm separat dazu servieren.

Mein Winterthema: Meine Wintergäste

Hier waren es noch die beiden unzertrennlichen: die Mathilde und der Konrad.

Im ersten Winter, den ich hier verbrachte, fehlte mir etwas. Irgendetwas. Aber es dauerte seine Zeit, bis ich herausfand, was das war. Am Weihnachtstag endlich kam ich darauf: Die Vögel fehlten mir! Nicht einmal Spatzen hatte es.

Ich war zwar damals wirklich knapp an Geld. Das Vogelhäuschen habe ich mir am Munde abgespart. Ich beschloss, dass ich das mir selbst nun zu Weihnachten schenken musste. Es dauerte lange, bis irgendein verirrtes Meislein das so liebevoll gedeckte Selbstbedienungsbuffet entdeckte. Im ganzen ersten Winter brauchte ich kaum zwei Kilogramm Vogelfutter. Das besserte sich dann aber von Jahr zu Jahr – und damit dann auch die Vielfalt des Gezwitschers und Gesangs im Frühling. Ich muss gestehen: Manchmal habe ich Mühe, die verschiedenen Vogelarten zu erkennen, frage mich sogar, ob auf der Südseite der Alpen Varietäten vorkommen, die in den deutschen Bestimmungsbüchern nicht enthalten sind. Italienische Bestimmungsbücher habe ich noch nicht gefunden.

Die verschiedenen Meisenarten sehen gleich wie auf der Alpennordseite aus: Hier gibt es Spiegelmeisen und Kohlmeisen. Andererseits fehlen die Haubenmeisen.

Die zutraulichen Rotkehlchen machen mir manchmal Sorgen: Wenn eine Katze einen Vogel erwischt, ist es bestimmt einer aus dieser Familie.

Ich habe einen sehr, sehr liebenswerten Kater, den Sir Henry (habe ich von ihm überhaupt schon erzählt?), der mich nur dann zornig macht, wenn er einen Vogel erwischt hat. Selten ist das zwar der Fall – aber dann ist es gewiss ein Rotkehlchen.

SCHNEEFINKEN UND BAUMLÄUFER

Während etlicher Jahre vermisste ich eine Vogelart, die ich aus Arosa her kenne: Die Schneefinken. Und dann, ganz plötzlich eines Tages, da waren sie da. Scharenweise umflogen sie das Futterhäuschen, schwatzten miteinander. Heute wüsste ich, was sie erzählen, wenn sie sich bei mir blicken lassen:
„Übermorgen wird es schneien. Aber wie!"
In all den Jahren meines Hierseins kamen sie erst dreimal. Und jedes Mal folgte ein unwahrscheinlicher Schneefall.
Ich garantiere es: Wenn die Schneefinken sich bei mir blicken lassen: Mein Auto wird sofort auf den höher gelegenen Parkplatz gebracht, weil ich es sonst nicht mehr schaffen werde, die Hauptstraße zu erreichen.
Eine mir vorher unbekannte Vogelart gehört auch zu meinen gern gesehenen Wintergästen: Ein Vögelchen mit gedrungenem Körperbau, immer in Bewegung: der Baumläufer. Wenn ich es doch je nur ergründen könnte, wie der es schafft, mit dem Kopf voran einen Baumstamm hinunter zu laufen, ohne zu fallen. Wenn ich es mir genau überlege: Er wird sich irgendwie mit den Krallen (oder wäre das Wort Krällchen angezeigter?) an der Rinde festhalten. Aber er bewegt sich so flink und so sicher, dass mir scheint, er hätte doch gar keine Zeit, um sich jeweils festzukrallen. Einmal mehr: „Ich weiß, dass ich nichts weiß..."

JA, UND WEN HÄTTE ICH DENN SONST NOCH AM FUTTERHÄUSCHEN?

Manchmal – aber eigentlich sehr selten, eine Amsel. Und dann gab es ein Gezeter und Geschimpfe, dass ich beschloss, den Meisen

KATHRINS TIPP

Meisenknödel selbst gemacht: Ungesalzenes Rinderfett zergehen lassen, Leinsamen, Sonnenblumen- und Kürbiskerne (ohne Schale!) dazugeben. In runde Schälchen abfüllen. Erkalten lassen. Vor der Entnahme kurz in heißes Wasser tauchen. Auf Quadrate (ca. 20 x 20 cm) von grobmaschigem Vorhangstoff stürzen. Zusammenbinden, dabei eine Schlaufe zum Aufhängen machen.

noch einen Extra-Tisch anzurichten. Mit Meisenknödeln. Ein Draht vors Küchenfenster gespannt, ein paar Meisenknödel an Fleischhaken daran gehängt – und der Tisch war schon gedeckt – bis Ende Februar eines Tages die Meisenknödel in allen Supermärkten des Tessins ausverkauft waren. Mir liegt es fern, in solchen Fällen zu resignieren, zu denken: „dann sollen sie halt eben vom Futterhäuschen fressen. Es kann auch eine Herausforde-

Meisenknödel selbst gemacht ...

rung sein, Meisenknödel selbst herzustellen! Hätte ich Kinder im Haus, würden die das wohl als spaßigen Zeitvertreib ansehen. Das Rezept steht auf Seite 141.

DANN GIBT ES AUCH NOCH ANDERE WINTER-GÄSTE

Solche, die ich nicht so gerne sehe: Marder zum Beispiel und Füchse. Ach, die armen Teufel. Ich kann nicht anders: Sie tun mir leid. Der Liebe Gott hätte sie doch nicht erschaffen, wenn sie nicht für irgendetwas nützlich wären. Vom Amt der Füchse als Gesundheitspolizisten habe ich schon berichtet. Aber Marder? Fressen die überhaupt Aas? Meine Nachbarn sind weniger zimperlich als ich. Mitleid mit solchen Kreaturen kennen sie nicht. Ich glaube, sie betrachten sogar Schlangen mit weniger Abscheu als – eben – Marder und Füchse.

Ich erinnere mich an die Anfänge meines Hierseins. Da war ein Jahr, in dem kein einziger Hühnerhof vom Marder verschont blieb. „El foing geht um. Pass auf deine Hühner auf."

„El foing." Was war das wohl? Längst wusste ich: Wenn ein „El" vor einem Wort steht, dann ist es Tessiner Dialekt. "El" wird im italienischen zu „il". Aber dabei wurde ich noch nicht klüger... Odivio half mir dann: „el foing" heißt „la faina" und ist damit – eben – ein Marder. Merke: Wenn man auf diese Art fremdsprachige Wörter lernt, bleiben sie einem ewig im Gedächtnis haften.

Die Marderplage machte aber nicht nur unserem Dorf Sorge. Auch im nächsten, im übernächsten Dorf wurde sie zum Wirtschafts-Gespräch. Es wurde diskutiert, wie man noch raffiniertere Fallen bauen könnte, als diejenige, die im Heimatmuseum ausgestellt war (und die so funktionieren soll, dass ein gro-

Rotkehlchen

Gartenbaumläufer

Mein Winterthema: Meine Wintergäste

ßer Stein den Marder erschlägt, der in die Falle tappt...).

Dazu muss angefügt sein, dass es – beinahe wie im Schwabenländle – auch hier Männer gibt, die ein unwahrscheinliches Talent entwickeln, um irgendein gerade aktuelles Problem auf mechanische Art zu lösen. Das drolligste Beispiel sind etliche Spinnräder, die durch alte Wasch- oder Nähmaschinenmotoren angetrieben werden und so der Spinnerin das Treten mit dem Fuß abnehmen.

Aber – Entschuldigung – jetzt bin ich vom Thema „Wintergäste" abgewichen. Einzige Entschuldigung:
Zu unserem Winter gehört das Spinnen von Schafwolle dazu.

Was ich jetzt noch unbedingt anfügen möchte: „Wintergäste" in Form von Touristen gibt es kaum. Das wäre doch ein wichtiger Hinweis für alle diejenigen, die sich beklagen, im Sommer gebe es hier im Tessin „zu viele Touristen"....

Schneefinken

Winterlektüren

Wenn ich im Garten schon nicht arbeiten kann, so habe ich die Muße, mich mit dem zu beschäftigen, was andere Gärtner zu diesem unerschöpflichen Thema gedacht und geschrieben haben. Aber da gibt es noch viele Themen, die mit dem Garten zwar zusammenhängen, denen ich aber oft zu wenig Aufmerksamkeit schenke.

Wenn ich da z.B. an meine Großmutter denke: Welch große Wichtigkeit sie den Mondphasen beimaß: Kartoffeln darf man nur bei absteigendem, Bohnen nur bei zunehmendem Mond legen. Dann konsultiere ich die Aussaat-Kalender viel zu wenig – wo ich mich doch mit eigenen Augen in einem nach anthroposophischen Grundsätzen geführten Gartenbetrieb schon überzeugt habe, wie wertvoll es ist, im genau richtigen Moment zu säen, zu pflanzen und zu ernten. Nur habe ich bei mir verschiedene diesbezügliche Probleme noch nie lösen können: Soll ich es heute unterlassen, zu säen, wenn morgen der bessere Tag wäre, ich dann aber keine Zeit habe?

Wie kann ich bei abnehmendem Mond Kartoffeln legen, wenn es aus allen Rohren schüttet und Wetterbesserung erst nach dem Mondwechsel in Aussicht ist? Wiederum vierzehn Tage warten? Und wer hilft mir dann? Da ist der Hundertjährige Kalender. Hat der etwas auf sich??

Zu dieser Frage habe ich beim winterlichen Graben in meinen Gartenbüchern eine höchst interessante Antwort in einem Büchlein des früheren Wetterfrosches von Radio Basel, Hans Winter, gefunden: Der unter dem Namen Hundertjähriger Kalender bekannte Text ist das Beispiel eines Schriftstückes, das zu allgemeiner Wertschätzung im Volk und zu weiter Verbreitung gelangt ist, ohne dass dafür sachliche oder literarische Gründe angeführt werden könnten. Trotz der Geringschätzung, ja Verachtung der Fachwelt, als eine „Sammlung von Druckfehlern" wurde er das, was man heute einen Bestseller nennt. Man schreibt diesen Kalender dem Abt des Zisterzienser-Klosters Langheim zu. Sein Name: Mauritius Knauer, geboren anno 1613. Er wandte seine Kenntnisse in der Wetterkunde zur besseren Ökonomie seines Klosters an. Seinem realen Sinn blieb es nicht verborgen, dass man das Wetter auch nach genauen Kenntnissen nicht auf den Tag voraussagen kann. Der ursprünglich „Immerwährender Hauskalender" genannte Text ist zum großen Teil kein originales Gedankengut Knauers. Ähnliche Kalender existierten schon lange. Schon ein halbes Jahrhundert lang war der Kalender in handschriftlichen Kopien im Umlauf, als mit der Erfindung und Verbreitung der Buchdruckerkunst auch die Zeit der Knauer'schen Kalenderdrucke begann. Der Autor war daran unschuldig und wird diese Ausgaben kaum gesehen haben.

Einem offensichtlich geschäftstüchtigen Stadt-Physikus von Erfurt, sein Name war Hellwig und einem ebenso geschäftstüchtigen Verleger namens Weinmann kam der Gedanke, aus dem „Immerwährenden" einen „Hundertjährigen" Kalender zu machen.

Mit den Buchdruck-Ausgaben wurden die Texte immer mehr verfälscht. Schon die Abschriften waren mit vielen Fehlern behaftet. Nun kamen ganze Teile des Textes durcheinander. Tatsächlich ist schon der Titel eine Falschdeklaration, hat überhaupt nichts mit hundert Jahren zu tun. Es handelte sich in erster Linie um ein Wetter-Tagebuch, eine über sieben Jahre geführte Beobachtung aus dem Raume Bamberg. Der Originalentwurf zum Kalender ist anfangs des 19. Jahrhunderts aus einem Brand gerettet worden. Der Verleger Ernst Heimeran hat das Original schließlich entdeckt und in bereinigter Form publiziert.

Meine Weihnachtsgeschichte

Es kommt oft vor, dass ich am Heiligen Abend ganz allein bin. Nein, ich koche mir kein Weihnachtsmenu. Ich freue mich an dem Nachtessen, das praktisch an jedem Winterabend auf den Tisch kommt: Brot, Käse, Wurst, ein paar eingelegte Gemüsestreifen, ein Glas Wein. Ich höre auch nicht Radio – und noch viel weniger schalte ich das Fernsehen ein. Ich höre die Stille! Und dann frage ich mich manchmal, ob das das ist, was man heute „Meditation" zu nennen pflegt. Aber – wenn ja – dann bleibe ich lieber bei ersterer Ausdrucksweise.

Ich höre, wie der Fluss rauscht, wie vielleicht in der Ferne ein Hund bellt. Nein, ich lese auch nicht. Ich höre in mich hinein.

Wer bin ich? Was erwarte ich noch vom Leben? Was kann ich tun, um diese Erwartungen zu erfüllen? Was tun jetzt alle meine vielen Freunde? War ich ihnen genügend dankbar? Was und wen ich bewusst aus meinen Gedanken verbanne: Diejenigen die mich enttäuscht haben, diejenigen, die mich beneiden, diejenigen die mich – ja – hintergangen haben, um nicht ein derberes Wort zu gebrauchen. Es ist – nicht nur an Weihnachten – viel zu schade, solchen Gedanken nachzuhängen. Ändern tut man damit ja nichts.

WEIHNACHTEN IN MEINER KINDHEIT UND HEUTE

Je älter ich werde, desto mehr erinnere ich mich auch an Weihnachten in meiner Kindheit. Da ist zum Beispiel der Weihnachtsbaum, der in jenem Jahr im Büro unseres Hotels aufgestellt war, damit die Familie allein feiern konnte. Damals bekam ich eine wunderschöne Puppe. Sie hatte braune Zöpfe, konnte die Augen schließen und hieß Lotti. Ich weiß auch noch, dass ich für diese Lotti eine ganze Garderobe strickte.

Ich erinnere mich auch an die darauffolgenden Jahre: Da wurde ein riesengroßer Weihnachtsbaum im Salon unseres Hauses aufgebaut, die Hotelgäste bekamen hier zuerst ein wunderbares Weihnachtsmenu serviert, nahmen anschließend an der Weihnachtsfeier teil, an der ich unglückliches Wesen sowohl ein Weihnachtsgedicht aufsagen als auf dem Klavier (und, bitte: auswendig!) irgendeine Fuge von Johann Sebastian Bach spielen musste. Mein Klavierlehrer war glühender Verehrer dieses Komponisten und hat mir die Freude an dessen Werken gründlich verdorben, weil ich nichts anderes spielen durfte. Nicht einmal „Oh du fröhliche...", geschweige denn „Ich küsse ihre Hand, Madame," das Mama manchmal vor sich hinträllert hatte – aber immer seltener vor sich hinträllerte, und deshalb wollte ich das für sie auf dem Klavier spielen können. Das wäre nützlicher gewesen als die ewigen „Präludium und Fuge..."

Und dann kam die Scheidung meiner Eltern – eine fürchterliche Zeit – eine Irrfahrt durch die Schweiz mit meiner Mutter und mit meinem sechs Jahre jüngeren Bruder – der Krieg – eine neue Heirat meiner Mutter – ein böser Stiefvater – der Tod meiner Mutter. Nein, nicht eine einzige Weihnacht mehr ist es, an die ich mich mit Freuden erinnern könnte...

...bis ich ins Tessin kam! Ich hauste also ganz allein in meinem windschiefen Häuslein, besuchte am Nachmittag vor dem Heiligen Abend meine Nachbarn – einen nach dem andern –, brachte meine bescheidenen Geschenke: Konfitüren, Nusslikör, Kartoffeln von Lorentino. Und dann ging ich heim. Und dann geschah eines dieser hübschen Weihnachtswunder, die mir das Leben hier so wertvoll machen: Es war schon dunkel, als Emilia an die Haustüre klopfte. Sie hatte zuvor im Stall nebenan ihre Schafe gefüttert und schaute bei mir herein. Ich vermute, sie wollte sich vergewissern, dass ich meinen Weihnachtsabend nicht traurig verbringen würde.

Resolut stellte sie... ein Glas Schweinefett auf den Tisch. „Da, das ist Fett von unserm Schwein. Aber nicht für dich zum Essen. Für das Tragseil deiner Seilbahn. Es ist höchste Zeit, dass du das wieder einmal schmierst. Man hört die Bahn ja quietschen bis zu unserm Haus! Und buon Natale!"

Päng, die Türe schloss sich hinter ihr – und ich verlebte ganz für mich allein, mit einem Lächeln auf den Stockzähnen und in der Gesellschaft einiger Katzen und zweier Hunde eine wunderschöne, stille Weihnacht.

ZWEI GESCHENKE

Ich hatte ein kleines Weihnachtsbäumchen mit Wurzeln im Topf gekauft, dieses ganz allmählich an die Wärme meiner Stube (+ 12 °C bitte!) gewöhnt – und dann machte ich mich ans Auspacken meiner Geschenke. Bücher waren dabei. Bücher waren mir schon immer die liebsten Geschenke. Als Kind tastete ich jedes Päckchen zuerst ab. „Weiche" Päckchen enthielten Kleider, kamen also zuletzt daran. Bücher ließen sich durchs Papier leicht ertasten...

Ja, und dann war da noch ein ganz feines Geschenk dabei: Meine Freunde wussten natürlich von meinem neu gerodeten Garten. Und eine liebe Freundin hatte den schönsten Einfall, was sie mir schenken konnte: Einen Gartenkatalog und einen ganz dicken Gutschein dazu! Ich glaube, damit hat man den Vogel abgeschossen, was man einem Gartenfreund schenken kann. Der Katalog lässt Weihnachtskerzen und alles ringsum vergessen – und wenn dann noch ein Gutschein dabei ist für irgendeine Pflanze, die ich mir sonst nicht würde kaufen können: Das ist höchstes Gärtnerglück. Eine Kamelie kaufte ich mir. Über einen Meter groß. Der größere Quittenbaum, der im Garten steht, erzählt mir immer noch von diesem Glück. Der Kamelie gefiel es hier nicht.

Aber wie sehr mich diese beiden Weihnachtsgeschenke freuten: Das Glas mit dem Schweinefett und der Baum-Gutschein – das lässt sich kaum beschreiben.

Die Kerzen am Bäumchen brannten herab. Ich saß immer noch da und war dankbar. Dankbar einer wundervollen Fügung, die mich hierher geführt hatte. Das Weihnachtsbäumchen würde ich langsam wieder an die Kälte gewöhnen und im Frühling würde es seinen Platz im Garten – in meinem geliebten Garten bekommen. Und dann fiel mir ein Zitat ein, ich glaube es ist ein Wort von Martin Luther:

„Auch wenn ich wüsste, dass morgen die Welt unterginge, würde ich heute noch ein Apfelbäumchen pflanzen."

Auch da, wo die Kamelien blühen, schneit es manchmal.

Register

Halbfette Seitenzahlen verweisen auf Abbildungen

A
Ackerschachtelhalm 74
Advent 124
Ahornbaum **78**
Akelei **69**
Allgemeine Frühlings-Arbeiten 18 ff.
Andreas (30. November) 89
Äpfel 35, 96, 98
Apfel in der Tüte 118
Apfelkuchen, versunkener 119
Apfel-Meerrettich-Sauce zu Suppenfleisch 118
Apfelringe, gedörrte 107
Apotheke im Garten 134 ff.
Arbeiten im Blumengarten 36 ff.
Arbeiten im Gemüsegarten 26 ff., 68
Arbeiten im Kräutergarten 30 ff., 68
Arbeiten im Nutzgarten 66 ff.
Arbeiten im Obstgarten 34 f., 68
Arteriosklerose 134
Arthritis 134
Arthrose 134
Artischocken 25
Asthma 134
Aussaat 37
Auswahl geeigneter Mischkulturen 25

B
Bärlauch **40**, 40 ff.
Bärlauch Pesto 44
Bärlauch Schnitzel 44
Bärlauch Spaghetti 44
Basilikum 32
Bäume 76 ff.
Baumobst 35
Baumschule 11
Beerenobst 34
Begonien 20
Beinwell 32, 72, **73**
Besenginster 80 f.

Birken 78
Birkenblätter 74
Birnen 35, 96
Birnen, gefüllte 118 f.
Birnen, Gorgonzola 139
Blähungen 134
Blattläuse 64
Blattsalat **27**
Blattsellerie 21
Blauholz 13
Blaukraut **99**
Blühende Gehölze 37
Blumen für draußen 38
Blumen im und am Haus 38
Blumen, sprechen mit 23
Blumenkohl 20, 68
Blutdruck, hoch 134
Blutdruck, niedrig 134
Boden **28**
Bodenplatten 56 f.
Bohnen 24, 26
Bohnen trocknen 106
Bohnenkraut 24, 32
Borretsch 20, **30**, 32
Bortsch 139
Bratäpfel mit Pfiff 118
Brennnessel **73**
Brennnessel, Rührei mit 43
Brennnesselauflauf 44
Brennnesseljauche 19, 72
Brokkoli 20, 26, 96
Brombeeren 18, 34, 98
Brot mit Kürbiskernen 103
Brot, Kastanien- 117
Brot, Quitten- 105
Brotbackhäuschen 112
Brüsseler Endivien 97
Buche 76
Buddleja 69, **80**, 82
Buschbohne 25

C
Calceolaria 20, 38
Chicorino 67

Chinakohl 25, 67
Cicoria 21
Clematis 38, 39
Cochenille 13
Comfrey 72 f., **73**
Cora **93**, **96**
Cosmea 20, **69**

D
Dahlien 20
Dill 20, **32**
Dörrobstkompott 139
Düngen 64
Durchfall 134

E
Eiche 79
Eichenblätter 74
Eier mit Naturfarben färben 13
Eingekochtes kontrollieren 132
Einjährige 36
Endivien 25, 96
Entenfamilie 16
Entsaften 66
Erbsen 20, 25, 26
Erdbeeren 24, 34, **68**
Erde und Mauern 22 ff
Erkältungen 134
Erlen 79
Ernten 66 f., 106 ff.
Esel 122
Eselsgeschichte 92 ff.
Estragon 30, 32

F
Färben, Eier mit Naturfarben 13
Färben, Wolle 137
Färberginster **80**, 80 f.
Farnkraut 74
Feldsalat 18, 25, 67
Fenchel **66**
Fenchel, Knollen- 25

Feuerbohnen mit Speck 96 f.
Feuerbohnen-Kerne 96
Feuerdorn **81**, 82 f.
Fieber senken 134
Fleischkraut 20, 26, 67, 96
Föhren 76
Forsythien 69
Freiland aussäen 20
Frühbeet 18
Frühbeet aussäen 20
Frühbeet packen, warmes 21
Frühling 9 ff.
Frühlingsarbeiten, Allgemeine 18 ff.
Frühlingsplan **18**
Frühlingsrezepte 42 ff.
Frühlingszwiebeln 96
Fuchsien 20, 38

G
Gallenschmerz 134
Gartenbaumläufer 142
Gartenküche 62
Gedörrte Apfelringe 107
Gefüllte Birnen 118 f.
Gefüllter Kürbis 103
Gehölze, blühende 37
Geißblatt **81**, 83
gekochte Kastanien 116
Gelbe Zucchini **61**
Gemüse & Früchte, Winterrezepte mit 139
Gemüse einmieten 108
Gemüse milchsauer einmachen 108 ff.
Gemüse Saaten 67
Gemüse von A-Z 26 ff.
Gemüse, milchsaures 110
Geranien 20, 38, **38**
Glasierte Kastanien 116
Glyzinien 14, 36
Gorgonzola Birnen 139
Grill 62
Grillplatz 63
Gründüngung 96
Grüne Tomaten 98 f.
Grüne Walnüsse 52
Grünspargel 25
Gurken 20, 25, 68

H
Haarausfall 134
Halsweh 134
Hände, raue 134
Haselnuss 80
Haselstrauch **83**
Henna 13
Herbst 86 ff.
Herbstarbeiten im Stall 112
Herbstrezepte mit Obst 118 f.
Herr Meier **94**
Herzschwäche 134
Himbeeren 34, 98
Himbeerstauden 18
Holunder 68
Holunder, roter 34
Holunder, Schwarzer 34
Holunderblüten 52
Holunderblütengelee 53
Holunderblütensirup 53
Holunderblütensirup und Gelee 53
Honig-Kartöffelchen 45
Hortensie 82, **82**
Huflattich 10
Huflattichsuppe mit Marsala 42, **42**
Hülsenfrüchte 68
Hunde 31, 113
Hundertjähriger Kalender 144
Husten 134

I
Impatiens 38
Indischer Chutney 99
Insektenstich 134

J
Jakob 51
Jaucheherstellung 75
Jauchen-Dünger 72 ff.
Johannes Paul Meier **64**
Johannisbeeren 18, 34, 68
Jostabeeren 18
Jungvögel 17

K
Kamelien 145
Kapuziner 20, 21, **36**
Kapuzinerkresse 20, 24
Karotte 20, 24, 26, **27**, 98, 110, **108**
Kartoffel 20, 25, 26 f., 55, **55**, 96, 109,
Kartoffelstauden **18**
Kastanie 77, 114 ff.,
Kastanien braten 116
Kastanien schälen 116
Kastanien vorbereiten 116
Kastanien, gekochte 116
Kastanien, glasierte 116
Kastanienbaum 115
Kastanienbrot 117
Kastanienkuchen 117
Kastanienpüree 116
Kastanienrezepte 116 f.
Kastanienring 116
Kästen 39
Kataloge 10
Katherina (25. November) 89
Katzen 31, 65
Kerbel 32
Kinder im Garten 60 f.
Kirschbäume 79
Kirschenküchlein 84
Kiwi 68, 98
Knoblauch 24, 96
Knoblauchabfälle 74
Knollenfenchel 25
Kohlabfälle 74
Kohlarten 25, 64
Kohlrabi 20, 25, **26**, 96
Kompost 19, 23, 70 f., **71**
Kompott, Dörrobst- 139
Konfitüren, Kürbis- 103
Kopfsalat 25, 67
Krapp 13
Kräuter 107
Kräuter in Öl 109
Kräuter in Öl konservieren 107
Kräuter in Salz 107
Kräuter trocknen 107
Kräutergarten in Töpfen 33 ff.
Kräutersalze 85
Krokus 10
Krokusse 19

Kübel 39
Kuchen, Kastanien- 117
Kultur-Heidelbeeren 34
Kürbis 20, 27, 98, 102 ff.
Kürbis tiefkühlen 111
Kürbis, gefüllter 103
Kürbis-Blütenküchlein 103
Kürbiskerne, Brot mit 103
Kürbis-Konfitüren 103

L
Lagern, richtig 106 ff.
Lämmchen Liseli 57
Lärche 76
Lauch 20, 21, 24, 27, 98, **108**
Laufenten 16
Laurentius (10. August) 51
Liebstöckel 32
Liegestuhl 56
Linde 79
Liseli 57
Lockern **28**
Löwenzahnblätter 74
Löwenzahnsalat, Tessiner 43
Lukas (18. Oktober) 89

M
Magenschmerz 134
Mairüben 25
Majoran 32, 107
Mangold 25, 27
Männertreu 15
Marder 16
Maria Geburt (8. September) 51
Marienkäfer **64**, 65
Marmelade, Quitten- 105
Mauerblümchen **57**
Mäuse 64
Mein Garten von Lorentino 54
Mein Land 22 f.
Meine Frühlingsgeschichte 14
Meine Tiere 16 f.
Meine Wintergäste 140 ff.
Meisenknödel 141
Meisenknödel selbstgemacht 141
Menstruationsschmerz 134
Michael (29. September) 89

Migräne 134
Milchsauer einmachen 96, 108
Milchsaures Gemüse 110
Mischkulturen 24 ff.
Mischkulturen, Auswahl geeigneter 25
Möhre **24**, 25
Mr. President 39
Mundgeruch 134

N
Nacktschnecken 16
Nelly Moser 39
Neuseeländer 20
Neuseeländer *Impatiens* 38
Neuseeländer Spinat 20, 25, 96
Nierenschmerz 134
Nikolaus (6. Dezember) 89
Nuss 98
Nussbaum 76, **77**
Nüsse 98
Nusslikör, Tessiner **52**
Nützlingspflege 64 f.

O
Obst und Gemüse im Lager überprüfen 132
Obst, Herbstrezepte mit 118 ff.
Obstbäume 24, 64
Obstbäume schneiden 35
Ochsenzunge 74
Ohrenschmerz 134
Oregano 32
Orsa 48
Ostereier 13
Ostern 12 ff.

P
Paprika 25
Pastinake 25, 28, 98
Peperonata 85
Petersilie 20, 24, 32
Petrus (1. August) 51
Petunien 20, 38
Pfefferminze 21, 24, 32, 107
Pfeifenstrauch 83

Pflanzen-Versandhäuser 10
Pflücksalat 20, 96
Pierino **93**, **96**, 126
Platten & Zäune 56
Prunkwinde 20
Puffbohnen 20
Püree, Kastanien- 116

Q
Quitten 35, 98, 104 ff.
Quittenbaum 105
Quittenbrot 105
Quittengelee 104, 104 f.
Quittenmarmelade 105
Quittenmus 104
Quittensaft 104
Quittenschnitze 133

R
Radieschen 25, 96
Rainfarn 74
Randen 20, 28
Ratafia 52
Rauke 28
Rettich 25, 96, 98
Rezept zum Färben von Ostereiern 13
Rhabarber 18, 19, 20, 24, 25, 35, 64
Rhabarber Wähe, Schweizer 42
Rhabarberblätter 74
Rheuma 135
Richtig lagern 106 ff.
Ringelblumen 20, 21
Rittersporn **69**
Robinien 78
Rosen 24, 59, **131**
Rosmarin 19, 31, 32, 98, 107,
Rote Bete 25, 28, 96
Rote Grütze 84
Roter Holunder 34
Rotkelchen 142
Rotkohl 96, **99**
Rucola 20, 21, **27**, 67, 96
Rührei mit Brennnessel 43

S

Säe-Trick 20
Salat aus milchsauer eingemachtem Gemüse 132
Salat, Quitten- 104
Salat, Zichorien- 25
Salbei 32, 107
Sauerkraut-Suppe 139
Schlangen 64
Schmetterlingsflieder 82
Schnecken 16, 64
Schnee im Tessin 133
Schneefinken 141, **143**
Schnittlauch 24, 32, 33
Schnittsellerie 20
Schwarzäugige Susanne 20
Schwarzer Holunder 34
Schwarzwurzeln 25
Schweißausbruch 135
Schweißfüße 135
Schweizer Rhabarber Wähe 42
Schweizer Spinat Wähe 43
Schwimmbad 58 f.
Scilla 11
Seidelbast **83**, 83
Sellerie 25, 28
Sellerie, Schnitt- 20
Senffrüchte 119
Siebenschläfer (27. Juni) 51, 64
Singvögel 17, 65
Sir Henry **48**, 113
Sommer 46 ff.
Sommerrezepte mit Obst und Beeren 84
Sommer-Sonnenwende 50 f.
Sonnenblumen 20, **56**
Spargel 25
Spargel, Grün- 25
Spargelgemüse mit Zitronensauce 44, **45**
Spinat 20, 24, 25, 96
Spinat Wähe, Schweizer 43
Stangenbohne 25
Sterilisieren 111
Stielmangold 18, 19, 20, 96, 98
Sträucher 80 ff.
Suppe, Sauerkraut- 139
Susi **64**

T

Tanne 76
Tausendfüßer 65
Tessiner Löwenzahnsalat 43, **43**
Tessiner Nusslikör **52**
Thymian 32, **32**, 107, 134
Tiefgekühlter Saft 66
Tiefkühlen 110 ff.
Tomate 20, 24, 25, 28 f., **61**, 64, 68, 96, 97
Tomaten setzen 29
Tomaten, grüne 98 ff.
Tomatensugo 85
Topinambur 29
Trauben 98
Trockenmauern 19
Trocknen, Kräuter 107

Ü

Übergewicht 135

V

Verstauchung 135
Versunkener Apfelkuchen 119, **119**

W

Walnüsse, grüne 52
Warmes Frühbeet packen 21
Warzen 135
Weigelia **69**, 83
Weihnachten 124
Weihrauch 20, 38
Weinrebe 11
Weißkohl 96, 98, **99**
Wicken 20
Wildtulpen 11
Winter 120 ff.
Winterjasmin 82, **82**
Winterrezepte mit Gemüse & Früchten 139
Winterzwiebeln 67
Wirsing **99**
Wolle färben 13, 136 ff., **137**
Wühlmäuse 64
Wurmfarn 39
Wuschi 88

Z

Zaun 57
Zichorie 29
Zichoriensalat 25
Ziehhacke 28
Zier- und Obstgehölze 132
Zitronenmelisse 21, 32, 107
Zucchini 20, 25, 66, 68, 97
Zuckererbsen 20
Zuckerhut 67
Zuckermais 25
Zwetschgen 35
Zwetschgen-Knödel 84
Zwetschgen-Küchlein 119
Zwiebel 20, 24, 25, 29, 96
Zwiebelabfälle 74
Zwiebeln, Frühlings- 96
Zwiebelschalen 13
Zwiebelzöpfe flechten 107 f.

Bücher · Kalender · Spiele
Experimentierkästen · CDs · Videos
Natur · Garten & Zimmerpflanzen ·
Heimtiere · Pferde & Reiten ·
Astronomie · Angeln & Jagd ·
Eisenbahn & Nutzfahrzeuge ·
Kinder & Jugend

KOSMOS

Postfach 10 60 11
D-70049 Stuttgart
TELEFON +49 (0)711-2191-0
FAX +49 (0)711-2191-422
WEB www.kosmos.de
www.diesiedlervoncatan.de
E-MAIL info@kosmos.de

Impressum

Mit 171 Farbfotos von:

Reinhard Tierfoto, Hans Reinhard, Heiligkreuzsteinach: 14, 17, 24 unten, 46/47, 55 rechts, 67, 80 unten, 81 unten, 82 beide, 83 beide, 86/87, 90/91, 105, 114, 115, 120/121, 142 beide, 143, Vignetten Sommer (Seite 48 – 84), Herbst (Seite 88 – 118) und Winter (Seite 122 – 146)

Nils Reinhard, Heiligkreuzsteinach: 38 unten, 89

Michael Bauer, Baden-Baden: 1, 2/3 beide, 4 beide, 5, 6, 8/9, 10 beide, 11, 12, 15, 16, 18 beide, 20, 22 beide, 23, 24 oben, 26, 27 alle (3), 28, 30 unten, 32 beide, 33, 35, 36 beide, 38 oben, 40, 41, 42, 43, 45, 48 beide, 49, 50/51, 52, 53, 54, 55 links, 56, 57 beide, 58, 59 beide, 60, 61 beide, 62, 63, 64 unten, 65 beide unten, 66 beide, 69 beide, 70, 73 beide, 74, 77, 78, 79 beide, 80 oben, 81 oben, 84 beide, 85 oben, 88, 92, 93, 94, 95, 96, 97 beide, 98, 99 alle (3), 100, 101, 104, 106 alle (4), 107, 108 unten, 109, 111, 112, 113 beide, 117, 119, 122, 123, 125, 128/129, 130 beide, 131, 132, 133, 134, 139 (oben), 140, 141, 145, 147, 148, Vignettenkopf Frau Rüegg, Vignetten Frühling (Seite 10 - 44)

Eva Bauer, Baden-Baden: 30 oben

Hilde Götz, Oberboihingen: 29 alle (5), 137

Jürgen Stork, Ohlsbach: 13, 72, 102

Manfred Pforr, Langenpreising: 64 rechts

Ralf Roppelt, Ludwigsburg: 19, 34, 39, 65 oben, 85 unten, 118, 135, 139 (unten)

Anneliese Schatter, Stuttgart: 108 oben

Mit 16 Illustrationen: von Horst Lünser, Berlin: 21 (alle 4), 37 (alle 6), 68 (beide), 101 (alle 3); Reinhild Hofmann, München: 71; Johannes Rost, Stuttgart: 75
Seite 25 (Tabelle Mischkulturen) entnommen aus dem Buch „Mischkultur und Fruchtwechsel" von Gisela Satorius, Franckh-Kosmos Verlags-GmbH

Umschlaggestaltung von Atelier Reichert, Stuttgart, unter Verwendung von 2 Farbfotos von Michael Bauer (Bauchbinde), und Ursel Borstell, Essen (großes Bild)
Mit 171 Farbfotos und 16 Farbillustrationen.
Gedruckt auf chlorfrei gebleichtem Papier.

Die Deutsche Bibliothek – CIP-Einheitsaufnahme
Ein Titelsatz für diese Publikation ist bei
Der Deutschen Bibliothek erhältlich

© 2002, Franckh-Kosmos Verlags-GmbH & Co., Stuttgart
Alle Rechte vorbehalten
ISBN 3-440-09334-4
Redaktion: Angelika Throll-Keller
Produktion: Siegfried Fischer
Grundlayout: Atelier Reichert, Stuttgart
Satz und Reproduktion: Typomedia GmbH, Ostfildern
Printed in Italy/Imprimé en Italie
Druck und Bindung: Printer Trento S. r. l., Trento

> Alle Angaben in diesem Buch sind sorgfältig geprüft und geben den neuesten Wissensstand bei der Veröffentlichung wieder. Da sich das Wissen aber laufend und in rascher Folge weiterentwickelt und vergrößert, muss jeder Anwender prüfen, ob die Angaben nicht durch neuere Erkenntnisse überholt sind. Dazu muss er zum Beispiel Beipackzettel lesen und genau befolgen, sowie Gebrauchsanweisungen und Gesetze beachten.

KOSMOS

Erlebnis Garten

Schritt für Schritt zum Gartenparadies

Heidrun Holzförster
Obstgehölzschnitt
ISBN 3-440-08985-1

Anja Flehmig
Pflanzen vermehren
ISBN 3-440-08987-8

Hans-Peter Maier
Balkon und Terrasse
ISBN 3-440-08986-X

Engelbert Kötter
Obst und Gemüse
ISBN 3-440-08984-3

Engelbert Kötter
Gärten für Einsteiger
ISBN 3-440-09133-3

Peter Berwanger
Wassergärten
ISBN 3-440-08982-7

Jeder Band mit 64 Seiten, über 250 farbige Abb., kartoniert.

Just do it!

Ob farbenfrohe Balkonkästen, knackiges Gemüse, der richtige Schnitt für Obstgehölze oder der erste Gartenteich – die Bände der neuen Kosmos-Gartenreihe zeigen, wie man step by step zum Gartenprofi wird. Schritt für Schritt – sechs praktische und stets aktuelle grüne Themen: ideal für Garteneinsteiger.

▸ **Einmalig: jeder Arbeitsgang wird mit einer Schritt-für-Schritt-Anleitung erklärt**
▸ **Mit über 250 exklusiv angefertigten Farbabbildungen**
▸ **Empfohlen von „Gartenspaß", dem jungen Praxismagazin von „Mein schöner Garten"**

www.kosmos.de

KOSMOS

Erlebnis Garten

Die Standardwerke für jeden Gartenfreund

316 Seiten
472 Abbildungen
175 Illustrationen
gebunden

ISBN
3-440-09226-7

Jürgen Wolff (Hrsg.)
Mein schöner Garten

312 Seiten
560 Abbildungen
64 Seiten Tabellen
gebunden

ISBN
3-440-07606-7

Jürgen Wolff (Hrsg.)
Mein schöner Bio-Garten

310 Seiten
690 Abbildungen
gebunden

ISBN
3-440-08072-2

Jürgen Wolff (Hrsg.)
Mit mein schöner Garten durchs Jahr

Jürgen Wolff (Hrsg.)
Mit mein schöner Garten gestalten

224 Seiten
ca. 400 Abbildungen
gebunden

ISBN
3-440-08876-6

- Gartenkompetenz pur vom Redaktionsteam des größten europäischen Gartenmagazins: „Mein schöner Garten"
- über 200 Vorschläge und Anregungen für die Neu- oder Umgestaltung Ihres Wunschgartens
- Außergewöhnliche Gestaltungsvorschläge für Vorgärten, Mediterrane Gärten, Innenhöfe und vieles mehr

www.kosmos.de